월세부자가 되고 싶다면 이 책을 펼쳐라

직접 발로 뛰며 몸으로 체득한 셰어하우스, 에어비앤비, 꼬마 공유 오피스 같은 공간 활용 비즈니스의 창업부터 운영까지 꼭 알아야 할 노하우를 시원하게 공개한다. 이는 직접 겪어보지 못했다면 알 수 없는 부분이다.

"진짜 월세 받는 제대로 된 방법을 알고 싶다면 이 책을 읽어라."

_배용환(서울휘, 상가투자 전문가, 『서울휘의 월급 받는 알짜상가에 투자하라』 저자)

역시 투자는 실전 전문가에게 배워야 한다

투자 최전선에서 끊임없이 투자하며 익힌 새로운 월세 투자의 노하우가 담겨 있다. 실전과 분석의 두 전문가가 만나 이 책에서 이룬 시너지가 놀랍다. 공유경제로의 전환 앞에서 '셰어'의 가치는 부동산에서도 중요하다. 공유경제 시대에 새로운 월세투자 방법을 찾는 투자자들에게 이 책을 강력 추천한다.

_손현준(조르바, 부동산 투자자)

소액 투자로 건물주처럼 월세를 받고 싶다면 꼭 읽어야 할 책

"건물주처럼 월세를 받고 싶다면 꼭 읽어야 할 책이다."

이 책은 월세를 받기 위한 세상 편한 4가지 방법을 구체적으로 제시한다.

투자금 몇 천만 원으로 30억 건물주 수준의 월세를 받는 비법을 알고 싶다면 이 책을 끝까지 읽어야 한다.

_숙주나물('숙주나물의 인생역전 부동산 투자' 블로그)

저금리 시대에 딱 맞는 월세부자 되는 법

부동산 투자의 세계는 정말 다양하다. 지원서원아빠 님을 통해서 또 하나의 매력적인 투자 아이템을 만났다.

요즘 같은 저금리 시대에 셰어하우스를 통해 '똑똑한 부동산 월세부자 되는 법'을 객관적인 자료 및 지표, 그리고 실제 사례 등을 통해서 아주 상세하게 정리해 놓았다.

특히 저자가 직접 시행착오를 겪으면서 배웠을 셰어하우스에 관한 알짜 원칙들이 눈에 띈다. 월세 투자에 관심이 많은 사람이라면 꼭 한 번 읽어보고 실행해 볼 것을 강력 추천한다.

_지중해부자(부동산빅데이터땅짚고)

부동산의 단점을 장점으로 바꾸는 흥미로운 투자법

사업을 하면서 경매투자를 함께 하는 지원서원아빠 님, 섬세함과 함께 마케팅 능력이 뛰어난 베리블루 님이 월세 투자법에서 환상의 콤비를 이루어냈다.

과거 과다 공급으로 인해 저평가된 대형 아파트를 경매로 낙찰받은 다음, 셰어하우스로 세팅해 월세 수익률을 극대화하고 시세차익까지 노리는 것은 단점을 장점으로 만드는 투자법이라 더욱 흥미로웠다.

_김형일(나눔부자, 『부의 나침반』 저자)

군더더기 없는 유익한 내용, 귀가 솔깃한 노하우

한동안 현금흐름을 만들기 위해 셰어하우스와 에어비앤비, 그리고 공간 대여사업 등을 검토한 적이 있었다. 개인적인 사정으로 아쉽게도 실행에 옮기진 못했는데, 신기하게도 이 책에는 그 세 가지 방법에 대한 공략집처럼 귀가 솔깃한 노하우들이 많이 담겨 있다.

고민하던 시절에 이 책을 봤더라면 하는 진한 아쉬움이 들 정도로!

군더더기가 없는 유익한 내용들은 새로운 월세 수익 시스템을 꿈꾸는 이들에게 좋은 길잡이가 될 것이다.

_보리나무(『맞벌이 부부의 돈버는 부동산 투자』 공저자)

월세 수익 시스템을 꿈꾸는 분들에게 강력 추천

주택 리모델링을 하면서 항상 느끼는 것이지만, 부동산이라는 상품은 어떤 식으로 개발하느냐에 따라서 달라진다. 이 책은 수익형 부동산을 꿈꾸는 투자자들에게 또 다른 대안이 될 것이다. 특히 돈 없이 수익형 부동산을 통해 월세 수익 시스템을 만들고 싶은 사람들에게 강력 추천한다.

_김종민(독일병정, 『똑똑한 부동산 인테리어』 저자)

베리블루 & 지원서원아빠의

똑똑한 부동산 월세부자

베리블루 & 지원서원아빠의

똑똑한 부동산 월세부자

1쇄 발행 2019년 11월 20일
2쇄 발행 2020년 1월 3일
지은이 한혜림 · 전희영
펴낸이 유해룡
펴낸곳 (주)스마트북스
출판등록 2010년 3월 5일 | 제2011-000044호
주소 서울시 마포구 월드컵북로 12길 20, 3층
편집전화 02)337-7800 | **영업전화** 02)337-7810 | **팩스** 02)337-7811
원고 투고 www.smartbooks21.com/about/publication
홈페이지 www.smartbooks21.com
표지/본문 디자인 김민주 | **캐리커처** 유민영

ISBN 979-11-90238-06-9 13320

베리블루 & 지원서원아빠의

똑똑한 부동산 월세부자

한혜림(베리블루), **전희영**(지원서원아빠) 지음

스마트북스

추천사

월세 부자가 되고 싶다면 이 책을 펼쳐라

누구나 안정적으로 월급처럼 월세 받는 시스템을 꿈꾼다. 하지만 이것이 그렇게 간단한 일은 아니다. 아니 생각보다 어렵다는 것을 깨닫는 데는 그리 오래 걸리지 않는다. 왜냐하면 그 시도조차 하기 어렵고, 제대로 된 방법을 전수받기는 더욱 어렵기 때문이다.

돈 없이 시작하는 월세 부자의 모든 것

『똑똑한 부동산 월세부자』는 지원서원아빠 님과 베리블루 님이 직접 발로 뛰며 몸으로 체득한 셰어하우스, 에어비앤비, 꼬마 공유 오피스 같은 공간 활용 비즈니스의 창업부터 운영까지 꼭 알아야 할 노하우를 시원하게 공개한다. 이는 직접 겪어 보지 않았다면 알 수 없는 부분이다.

"진짜 월세 받는 제대로 된 방법을 알고 싶다면 이 책을 읽어라."

우리가 누군가에게 내 돈이 들어가는 투자에 대한 조언을 구할 때, 가장 조심해야 할 것은 경험이 없는 사람의 조언이다. 실제 경험한 사람의 이야기를 들어야 한다. 내가 아는 지원서원아빠 님과 베리블루 님은 늘 현장에 있는 분들이다.

신선하고 새로운 월세 투자법

보통의 투자자들은 하나의 방식으로만 투자하기에 급급하다.

하지만 이들은 셰어하우스 1호점을 '경매'로 접근했다는 방식이 신선했다. 경매를 통해 매입하고 임대를 주고 매각만 하는 방식에서 벗어나, 셰어하우스라는 사업 시스템을 넣는 새로운 투자전략을 선보였다. 이렇게 처음 천안의 쌍용점에서 용기를 얻어 지점을 늘려나갔다.

평소 옆에서 이들의 투자방식을 지켜보며 많은 것을 깨달았는데, 추진력과 성실함, 지속적인 투자 최적화를 위한 연구가 투자의 성공으로 이어진다는 것이다.

현장감 넘치는 꼼꼼한 조언

특히 가장 중요한 포인트는 입지인데, 무엇보다 7개 지점을 통해 깨달은 성공 원칙을 실사례 위주로 풀어주는 것이 인상적이었다.

직장인 관점에서 접근하는 입지 선택법, 지방 직장인 대상 입지 선택법, 대학생 대상 입지 선택법과 오픈 시기 등 현장 노하우들이 망라되어 있다. 수익률을 높이는 인테리어 전략도 이 책에 나와 있는 대로 벤치마킹을 한다면 경험이 부족한 사람에게 큰 도움이 될 것이다.

깨알 같은 꿀팁은 셰어하우스를 최적의 공간으로 세팅하기 위해 저자들이 얼마나 많은 고민을 하고 공을 들였는지가 느껴진다. 더불어 사업자 신고에서 절세법, 홍보, 관리까지 꼼꼼하게 정리해 두어 지금 당장 시작할 수 있을 것 같은 용기가 생긴다.

월세 부자로 가는 시간을 세이브하라

셰어하우스, 에어비앤비, 공유 오피스의 수요는 앞으로도 증가할 것이다. 그야말로 공간 비즈니스 전성 시대다. 하지만 경쟁자들도 그만큼 많아질 것이다. 이러한 비즈니스를 시작할 때는 치밀한 계획과 충분한 시뮬레이션, 뚜렷한 목표를 세우고 준비해야만 성공할 수 있는데 그러한 계획을 짜려면 시간이 너무 오래 걸린다. 하지만 우리에게는 시간이 없다. 그러니 이 책을 통해 당신의 시간을 세이브하라.

과감하게 부동산을 활용해 월세 받는 시스템에 도전하라. 말보다 행동이 앞서는 사람이 결국 부의 시스템을 완성하고 나아가게 될 것이다.

배용환(서울휘, 상가투자 전문가,
『서울휘의 월급 받는 알짜상가에 투자하라』 저자)

추천사

역시 투자는 실전 전문가에게 배워야 한다

현장의 실전 전문가

실행, 실행, 또 실행.

지원서원아빠 님을 떠올리면 가장 먼저 떠오르는 단어가 '실행'이다.

세상에는 수많은 투자자가 존재한다. 그러나 단위 시간당 투자의 성과나 실행의 성과로 따진다면 나는 지원서원아빠 님이 최고 중의 한 분이라고 생각한다. 그만큼 스스로 열심히 연구, 공부하고 또 단지 이론에만 그치지 않고 끊임없이 실행한다.

세상에는 투자하지 않는 투자 강사들도 넘쳐난다. 말만 번지르르하고, 스스로 그렇게 투자하지 않는 사람들이 태반이다. 하지만 지원서원아빠 님은 늘 현장에서 뛰어다니며 투자하고 있는 실전 전문가이다.

경매로 투자를 시작해 원룸, 아파트, 빌라, 오피스텔, 다가구주택, 아파트형공장, 지분투자 등에 이르기까지 투자 물건의 폭도 넓다. 리스크를 감당할 수 있는 범위에서 과감하게 실행하기 때문에 이러한 위치에 설 수 있었을 것이다.

투자는 실전 전문가에게 배워야 한다. 현장에서 피어난 살아 있는 조언만이 실제 투자 현장에서 나의 길잡이가 될 수 있다.

부동산의 살아 있는 대동여지도

끊임없는 공부.

베리블루 님은 부동산의 살아 있는 대동여지도이다.

전업투자자로서 두 아이를 키우면서도 끊임없이 공부하고 임장과 투자를 진행하여 대한민국 전역의 시세 정보와 투자 정보에 누구보다 해박한 전문가이다. 특정 지역, 특정 아파트 이름만 대면 바로 시세를 줄줄 읊을 정도로 다양한 곳에 정보와 안테나가 있다.

좋은 부동산을 매수하려면 부동산의 가치 비교를 잘해야 한다. 그리고 비교를 잘하려면 가능한 많은 임장을 통한 현장 정보가 있어야 한다. 베리블루님은 부동산의 가치를 판단하고, 옥석을 가리는 데 최고의 전문가이다.

새로운 월세 투자의 노하우

투자 최전선에서 끊임없이 투자하며 두 분이 배운 새로운 월세 투자의 노하우가 이 책에 담겨 있다. 실천과 분석의 두 전문가가 만나 이 책에서 이룬 시너지가 놀랍다.

공유경제로의 전환 앞에서 '셰어'의 가치는 부동산 투자에서도 중요하다. 그 가치를 '셰어하우스, 에어비앤비, 꼬마 공유 오피스, 스페이스클라우드'라는 키워드로 풀어냈다. 공유경제 시대에 새로운 월세 투자 방법을 고려해 보고 싶은 투자자들에게 이 책을 강력 추천한다.

손현준(조르바, 부동산 투자자)

프롤로그

돈 없이 시작하는 월세 부자

월급만으로 살 수 없다

최근 신한은행의 보고서를 보면 40대는 실직, 50대 이후는 부족한 은퇴 준비가 가장 고민이라고 한다. 이런 상황이다 보니 청년들은 무려 40만 명이 공무원 시험을 준비 중이다. 정년이 보장되고 연금이 나오니 미래에 대한 걱정이 덜어지기 때문일 것이다.

과연 월급만으로 살 수 있을까? 실제로 월급의 가치는 굉장히 크다. 월급 300만원은 부동산으로 치면 8~10억원짜리 상가의 월세 수익과 맞먹는다. 하지만 월급을 받기 위해서는 한 달 내내 직장에 다녀야 한다. 또한 미래에 어떤 일이 생길지 모르는 상황에서 월급에만 의존한다면 불안한 미래를 맞을 가능성이 크다.

그렇다면 어떻게 해야 할까? 많은 사람들이 주식투자, 부동산 투자, 인터넷 쇼핑몰 부업 등 여러 가지를 하고 있다. 뭐가 되었든 월급 외에 일정한 수입이 보장된다면 자기에 맞는 것을 하면 된다. 나는 부동산 투자를 병행하고 있다.

내가 월세 수익에 초점을 맞추는 이유

30대 초반에 주식투자를 해보았지만, 개인투자자는 기관과 외국인보다 정보가 부족하고 자본도 작기 때문에 돈을 벌 확률보다는 잃을 확률이 크다. 더군다나 시도 때도 없이 주식 시세를 봐야 하고, 그날그날 주가가 오르고 내림에 따라서 기분이 좋았다 나빴다를 반복하는 것이 삶에도 결코 도움이 되지 않았다.

하지만 부동산은 개인도 공부하고 잘만 투자한다면 충분히 승산이 있다. 실물자산이기 때문에 물건을 잘 선택하기만 하면 인플레이션에 따라 가격이 계속 오른다. 그래서 본격적으로 부동산 공부와 투자를 시작했다. 초창기에는 경매를 이용해서 원룸·오피스텔·다가구·아파트·지식산업센터 등에 투자했는데 주로 월세 수익을 늘리는 데에 초점을 맞추었다.

사람마다 투자하는 방식이 다르지만, 내가 생각하는 가장 좋은 투자법은 월세 수익을 기본으로 하여 계속 늘려가고, 더불어 일년에 한두 개 정도 양도차익 물건에 투자하는 것이다.

2018년 9. 13 부동산 대책 이후 다주택자의 경우 투기지역과 투기과열지구, 조정대상지역은 대출이 거의 나오지 않으며 종합부동산세, 재산세 부담이 계속 늘어나고 있다. 수익형 부동산에 투자하려고 해도 대출규제로 기존에 70~80% 이상 대출이 나오던 것이 이제는 60~70%로 많이 줄었다. 이런 시대에는 어떻게 투자해야 할까?

월세 수익률을 높일 방법이 없을까?

몇 년 전 최근 셰어하우스가 생기고 수익률도 좋다는 이야기를 들은 적이 있다. 하지만 그때까지만 해도 뭔가 남의 일 같고, 내가 과연 잘할 수 있을까란 생각에 '나중에 기회가 되면 해야지' 하며 그냥 잊고 지냈다.

그러던 중 경매로 나온 충남 천안시의 65평 아파트가 눈에 들어왔다. 당시 그 지역은 그동안 입주 물량이 많아서 고점 대비 아파트 가격이 꽤 떨어졌고, 대형 평수라 유찰되는 바람에 최저매각가격이 매우 낮았다.

이 아파트를 낙찰받아 몇 년 가지고 있으면 나중에 양도차익을 충분히 거둘 수 있고, 그때까지는 임대를 놓아 월세를 받으면 되겠다 싶었다. 그런데 지방의 대형 아파트라서 임대가 잘 나갈지, 월세를 얼마나 받을 수 있을지가 고민이었다. 투자금을 회수할 수 있고, 월세를 많이 받을 수 있는 방법이 없을까?

그때 생각난 것이 바로 셰어하우스이다.

경매 물건이 월세 효자로

이 아파트는 바로 앞에 대학이 있고 방이 5개나 되었다. 셰어하우스로 만들어 대학생들을 입주자로 채울 수만 있다면 이자를 제하고도 상당한 월세 수익을 얻을 수 있다는 계산이 나왔다.

날로 인기가 떨어지는 지방 대형 아파트의 활용도를 높일 수 있고, 학생들에게 원룸·오피스텔보다 값싸고 편안한 공간을 제공할 수도 있으니 사회에도 도움이 될 것이라는 생각이 들었다.

다행히 입찰자가 적어서 시세보다 수천 만원 싸게 낙찰받게 되었다. 셰어하우스에 대해 본격적으로 연구하고, 손품과 발품을 팔아가며 그해 하반기에 드디어 1호점을 오픈했다.

결과적으로 월세보다 2~3배 높은 수익을 매달 올리고 있으며, 시세 차익까지 거두고 있다. 꿩 먹고 알 먹고 일석이조인 것이다. 1호점이 성공하자 추가로 6개 지점을 차차 오픈해 지금은 7개 지점을 운영하고 있으며, 다른 지역에서도 추가로 오픈하려고 준비 중이다.

돈 없이 시작하는 월세 투자의 매력

셰어하우스의 매력은 초기 투자금이 별로 없어도 노력만으로 월세를 2~3배 높게 받을 수 있다는 것이다. 적게는 1,500만원 정도로도 시작할 수 있다. 나는 최근 다양한 부동산 투자 중에서도 셰어하우스에 집중하고 있다. 요즘 같이 세금과 규제로 부동산 투자를 하기 힘든 시기에 최적의 투자 모델이라고 생각하기 때문이다.

셰어하우스는 아파트나 빌라 등을 월세로 빌려 운영할 경우, 집을 소유하지 않기 때문에 재산세, 종합부동산세 등 각종 세금에서 자유롭다. 또한 작은 돈으로 짧은 시간에 지점을 늘릴 수 있고 그에 따라 월세 수익도 단기간에 크게 늘릴 수 있다. 이러한 장점 때문에 최근 부동산 투자자들 사이에서 관심이 크게 늘어서 강의 요청도 많고 창업도 많이 늘어나고 있다.

월세 받기 쉽다, 지금부터 시작하자

이 책은 셰어하우스 동업자인 베리블루 님과 함께 시작부터 운영까지 모든 과정에 대해서 각 파트별로 자세하게 정리했다. 셰어하우스를 창업하려는 독자들에게 큰 도움이 되기를 바란다.

셰어하우스는 "아예 안하는 사람은 있어도, 한 개만 하는 사람은 없다"는 말이 있다. 지점을 두 개, 세 개 늘려가면서 나중에는 부업으로 시작한 것이 월급보다 수익이 많아져 본업으로 하는 사람들이 많다.

이 책은 셰어하우스 외에도 에어비앤비, 꼬마 공유 오피스, 스페이스클라우드 등 돈이 별로 없어도 관심과 열정이 있으면 할 만한 쏠쏠한 월세 사업들을 소개하고 있다. 전업주부도, 직장인도, 은퇴 준비자도, 사회초년생도 누구나 할 수 있다. 월세 받기 쉽다. 지금부터 시작하자.

전희영(지원서원아빠)

월세 부자로 가는 디딤돌

첫 번째 디딤돌 – 셰어하우스, 너로 정했어

요즘 부동산에 투자하는 사람들을 만나보면 연령대가 점점 어려지고 있다. 이들은 열정적이고 열심히 공부하며 적극적이다. 나도 20대 때 그런 사람들 중의 한 명이었다. 20대 중후반에 결혼하면서 바로 호주로 유학을 갔는데, 당시는 호주 워킹홀리데이, 영주권 따는 게 지금의 부동산 열기보다 뜨거웠다.

하지만 가기만 하면 새로운 세계가 열릴 것 같았던 호주에서의 생활은 도착 첫날부터 가난한 유학생 신세가 되어 있었다. 모든 것을 책임져 줄 것 같았던 유학원 사람들은 낯선 외국인들이 사는 셰어하우스에 우리를 내려놓고 떠나버렸다. 그렇게 나의 셰어하우스 생활이 시작되었다.

처음에는 낯설기만 했지만, 셰어하우스 친구들과 외국생활의 어려움을 나누고 밥도 같이 먹고 함께 공부하며 지내다 보니 암담했던 유학생활도 즐거운 추억이 될 수 있었다.

지금도 생각해 본다. 그때 과연 호주에서 독립적인 집을 구해 살았더라면 잘 적응할 수 있었을까? 그 셰어 메이트들을 못 만났더라면?

아무래도 적응하는 데 많은 노력과 시간이 들었을 것이다. 그렇게 호주 셰어하우스에서의 추억을 소중히 간직하던 중, 우리나라에서도 서울을 중심으로 셰어하우스가 생겨나기 시작했다.

'드디어 올 것이 왔다!'

그래, 한번 해 보자!

당시는 셰어하우스가 서울의 강남구와 마포구 중심으로 막 생겨나고 있을 때였다. 인터넷과 서점에서 정보를 모아 한걸음씩 걸음마를 시작하는 아기처럼 셰어하우스를 준비했다.

누구나 할 수 있다, 특히 전업주부에 딱 맞는 투자

셰어하우스 개념은 알고 보면 간단하다. 부동산 투자를 전문적으로 알지 못하는 사람도 월세로 살아보거나 월세를 내놓아 봤을 것이다.

일반적인 월세는 방 3개짜리 아파트라면 전체를 통으로 임대하는 것이지만, 셰어하우스는 아파트의 방마다 월세를 놓는 것이다. 게다가 방이 좀 넓어 2인실로 만들면 수익률이 두 배 가까이로 늘어난다. 방 3개 각각에서 월세를 받는데 그중에 2인실까지 있으면 수익률이 높아질 수밖에 없다.

셰어하우스는 누구나 할 수 있다. 특히 직접 운영해 보니 나처럼 주부에게 딱인 아이템이다. 특별한 능력이 있어야 되는 것도 아니고, 어마어마한 창업비용이 드는 것도 아니며, 복잡하고 어려운 일도 아니다. 누구나 집안일 하듯 관리하면서 운영하면 되고, 내 아이를 돌보는 마음으로 대학생 입주자들을 대하면 된다.

특히 셰어하우스를 찾는 사람들은 여대생들이 대부분이라 결혼한 주부들에게 더할 나위 없이 딱 맞는 사업이다.

월세는 두 배, 리스크는 고작 몇 백

무엇보다 셰어하우스는 리스크가 거의 없는 사업이다. 일단 자본금도 소액이면 되고, 사업을 하려고 집을 빌릴 때 내는 보증금은 나중에 돌려받는 돈이고, 안에 세팅하는 가구나 가전제품은 다시 중고로 팔 수 있고, 그만두고 싶으면 권리금을 받고 다른 사람에게 양도할 수도 있다. 직접 해 보니 수익률이 쏠쏠한 데다가 한 달에 한두 번 방문하면 되니 크게 힘들 것도 없어서 자신감이 붙었다. 그래서 지점을 늘리게 되었고 지금은 강남 등에 7호점까지 운영 중이다.

월세 받기 세상 편한 4가지 방법

셰어하우스를 하면서 투자금이 별로 없어도 할 수 있는 에어비앤비, 꼬마 공유 오피스, 스페이스클라우드 등에도 관심을 가지게 되었다.

월급보다 많은 월세를 매월 또박또박 받으려면 최하 십수억원짜리 건물이 있어야 하지만, 이들 사업은 그보다 훨씬 적은 돈으로도 같은 효과를 누릴 수 있음을 직접 겪어 알게 되었다.

월세 부자 어렵지 않다. 노력과 열정이 있다면! 이 책과 함께라면! 이제 월세 부자로 가는 디딤돌을 만들어 보자.

한혜림(베리블루)

차례

3 Part 셰어하우스도 입지다

'**알돈신잡**'은 '알면 돈이 되는 신비한 잡학사전'의 약칭이다. 알돈신잡은 실제 내집 마련이나 부동산 투자시 유용한 정보를 담고 있다.

4
Part
셰어하우스 쉽게 따라하기

5
Part
월세 높이는 인테리어

9
Part
두번째 월세받기 쉬운 비법,
에어비앤비

10
Part
세번째 월세받기 쉬운 비법,
알아서 굴러가는 꼬마 공유 오피스

"나도 월세 부자가 되고 싶다." 누구나 꿈꾸는 월세 부자. 불과 몇 천만 원으로 시작하여 어떻게 2년여 만에 월세 부자 시스템을 만들 수 있었을까? 저자들의 월세 투자 성공 스토리를 들려주며, 월세 부자로 가는 디딤돌인 셰어하우스를 소개한다.

1

Part

월세 부자로 가는 가장 쉬운 비법

셰어하우스

01 왜 셰어하우스에 주목했을까?

사람들은 누구나 경제적 자유를 꿈꾼다. 나 역시도 경제적 자유를 꿈꾸며 부동산 공부를 어떤 시험 공부보다 열심히 했고 시간이 날 때마다 손품과 발품을 정말 많이 팔았다.

그동안 수많은 부동산 투자자들을 만났는데 대부분 마지막 목표는 경제적 자유였다. 어떤 분은 퇴직 전에 노후를 미리 준비해 놓기 위해, 어떤 분은 회사생활을 힘들어하는 남편이 언제든 그만둘 수 있는 경제적 발판을 마련하려고, 20,30대 사회초년생들은 회사 시스템에 얽매이지 않고 자기가 하고 싶은 일을 하며 사는 날을 준비하기 위해 부동산 공부를 하고 있었다.

경제적 자유를 이룰 수 있는 것들

부동산 투자로 경제적 자유를 얻는 방법에는 어떤 것들이 있을까? 하나는 상가·지식산업센터 등 수익형 부동산에 투자하는 방법이다. 하지만 요즘은 인근 동네만 둘러봐도 상가가 수시로 바뀌고 공실이 많다. 공부가 부족한 상태에서 무리하게 뛰어들었다가는 돈만 잃을 위험이 크다. 다른 하나는 시세차익형 부동산에 투자하는 것이다. 아파트나 빌라를 싸게 사거나 경매를 받아서 전월세를 놓고 오를 때를 기다리거나 갭투자를 하여 자주 사고파는 것이다. 이것도 쉽지 않은 분야이다. 부동산은 사기는 쉬워도 때맞추어 수익을 남기고 팔고 나오기는 힘들기 때문이다.

나는 경제적 자유를 이룰 수 있으면서도 자본적인 리스크가 거의 없는 사업을 고심하다 셰어하우스를 만나게 되었다. 셰어하우스는 경제적 자유의 요건 중 시간으로부터의 자유, 공간으로부터의 자유, 리스크로부터의 자유를 충족시켜 주기 때문이다.

초기자금 1,500만원으로도 시작할 수 있다

셰어하우스는 다른 창업이나 사업, 부동산 투자처럼 투자금이 많이 들지 않는다. 대부분 셰어하우스용 집을 월세로 빌려 시작하기 때문에 월세 보증금 2,000~3,000만원 정도가 있으면 된다. 운이 좋거나 지방의 경우에는 보증금 1,000만원 정도로도 시작할 수 있다. 게다가 보증금은 나갈 때 다시 돌려받는 돈이므로 없어지는 돈이 아니다.

보증금 외에 가구나 가전제품 등 셰어하우스 하나를 세팅하는 데 30~40평 기준으로 500만원 정도면 된다. 되도록 수리가 필요 없는 집을 구하는 것이 투자비용을 아끼는 길인데 도배, 장판 정도는 집주인이 해 주는 경우가 많다.

결론적으로 셰어하우스는 보증금과 세팅비 등으로 1,500~3,500만원 정도만 가지고 있어도 시작할 수 있다.

잃어도 몇 백만 원, 리스크가 작다

셰어하우스는 초기자금 1,500~3,500만원으로 시작할 수 있으며, 이중에서 보증금 1,000~3,000만원은 나중에 계약기간이 끝나면 돌려받을 수 있으므로 실패했을 때도 리스크가 작다. 게다가 셰어하우스를 계속 운영할 수 없거나 전대차 계약이 만기가 되면 가구나 가전제품, 소품들을 새로운 셰어하우스로 옮겨 쓰거나 권리금을 받고 양도할 수도 있다.

만약 셰어하우스에 입주자를 다 못 채웠다면 방을 가장 인기 있는 1인실로 바꿔서 운영하면 쉽게 만실을 채울 수 있고, 그래도 안 되면 공인중개사 사무실에 월세로 내놓아서 다른 세입자를 구해 놓고 나가면 된다. 다시 말해 최악의 경우 망해도 물품비 몇 백만 원 정도를 날리는, 리스크가 매우 작은 사업이다.

한 달에 두 번 정도 들르면 된다

지인 중에 구독자 수가 꽤 많은 유튜버가 있는데 돈은 월급보다 더 벌지만 경제적 자유와는 거리가 멀다고 토로했다. 유튜브는 본인의 얼굴과 목소리가 나와야 하기 때문에 남에게 맡길 수도 없고 마음대로 쉴 수도 없다고 했다. 다음날 방송이 있는 날이면 잠도 잘 못 자고 술도 못 마시고 늦게까지 사람들과 어울릴 수도 없다고 토로했다. 아마 그분은 방송을 자주 해서 그럴 수도 있을 것이다.

셰어하우스 운영은 회사처럼 일하는 시간이 정해져 있지 않다. 입주자들을 모집하는 시기에도 서로 시간을 맞춰서 보여주면 되고, 입주자들이 계약을 하게 되면 월세가 매달 또박또박 들어온다. 그것도 집 한 채에서 월세는 집 한 채 기준이 아니라 살고 있는 입주자 수만큼 들어온다.

운영자는 한 달에 두 번 정도 셰어하우스가 잘 유지되고 있는지 살펴보고, 관리가 잘 안 되는 부분만 좀 정리해 주고 필요한 것들을 보충해 주면 된다. 오히려 운영자가 자주 들락날락하면 입주자들이 불편해한다.

심부름 사이트를 이용하면 관리가 더 쉽다

핸드폰만 있으면 입주 희망자들의 문의에 언제 어디서든지 상담할 수 있고, 필요한 물품은 내가 직접 가지 않아도 빠른 배송으로 주문해서 보낼 수 있다. 특히 요즘은 심부름센터와 유사한 대행회사들이 많아졌기 때문에 간단한 수리부터 청소 등 다양한 일을 부담 없는 가격으로 내가 직접 가지 않아도 다 할 수 있다.

월세 부자로 가는 빠른 지름길이다

"셰어하우스는 안 하는 사람은 있어도, 한 채만 하는 사람은 없다"는 말이 있다. 초기 투자금이 적고 리스크도 작으며 한 달에 한두 번 정도 들러 부족한 부분을 좀 정리해 주고 채워 주면 되기 때문이다. 그래서 셰어하우스를 하나 운영해 익숙해진 다음에는 인근에 지점들을 늘리게 된다.

우리도 이렇게 해서 지점을 7개 운영하고 있으며 일단 10개까지 늘릴 예정이다. 셰어하우스 하나의 최소 수익목표는 모든 비용, 대출이자를 제하고 100만원이다. 실제로는 대체로 이보다 수익이 꽤 높지만 말이다.

셰어하우스 운영으로 월 1,000만원 이상의 월세 수익을 올리는 월세 부자의 길이 먼 것이 아니다. 게다가 어떤 셰어하우스의 경우 경매로 매우 싸게 사서 운영하기에 수천 만원의 시세차익까지 올리고 있다.

또한 원래도 부동산 투자를 해왔지만, 셰어하우스를 하다 보니 부동산 입지를 보는 눈이 더 날카로워져 기존 부동산 투자에도 큰 도움을 받고 있다.

부동산 가격이 크게 올라서 이제 월급만으로 종잣돈을 모아 월세 부자가 되긴 힘들다. 이런 시대에 셰어하우스는 월세 수익 면에서나 부동산 투자 경험 면에서나 월세 부자로 가는 지름길인 셈이다.

02
셰어하우스, 새로운 월세 시대를 이끈다

나의 두 번째 식구, 셰어하우스

요즘 1인가구가 점점 증가하고 있다. 흥미로운 현상은 1인가구로서의 생활이 길어질수록 편하고 좋아서 앞으로 더 유지해야겠다는 사람들이 많다는 것이다. 혼자 살다보니 가구나 가전제품이 많이 필요 없고 최대한 미니멀 라이프로 살려고 하며 공유경제에도 많은 관심을 가지고 있다. 소유 개념보다는 빌려 쓰고 같이 쓰는 것이 생활비 부담도 적고 자유롭게 살 수 있기 때문이다.

셰어하우스(Share House)도 공유 주거 형태이다. 집이 아닌 방을 빌리는 개념으로 개인적인 공간인 침실은 1인실, 2인실, 3인실 등에 따라 따로 사용하지만 거실이나 화장실, 욕실 등은 공유한다. 1인가구가 많은 일본의 경우 1980년대부터 도심에 등장했으며, 뉴욕, 런던 등 주거비가 비싸고 일자리와 학업을 위해 청년층이 많이 사는 도시에서 활성화되어 있다.

셰어하우스는 1인가구의 삶의 질을 높여주는 새로운 주거 임대 시스템이라고 할 수 있다. 발만 겨우 뻗을 수 있는 크기의 원룸이나 고시원에서 살던 사람들이 쾌적하고 넓은 공간에서 더 저렴한 월세를 내고

셰어하우스 구조의 예

살 수 있도록 해 준다.

셰어하우스는 기본적으로 침대, 책상, 옷장부터 이불, 베개, 전자레인지, 전기밥솥 등 생활에 필요한 거의 모든 것들이 구비되어 있다. 한마디로 가볍게 몸만 들어오면 된다.

원룸은 인터넷이나 정수기 요금을 매달 혼자 부담해야 한다. 원룸 특성상 외풍이 심한 곳도 많아 보일러도 자주 틀어야 되고 월세에 관리비까지 이중고를 겪을 수 있다. 하지만 셰어하우스는 인터넷, 정수기를 하나만 설치해서 공동으로 나눠 쓰고 관리비도 나눠 내다 보니 비용부담이 적다. 요즘 심각한 문제인 여성들의 안전도 더 확실하고, 1인가구의 약점인 외로움, 불안, 안전, 건강 등을 서로 함께 살면서 채워나갈 수 있는 장점이 있다.

같이 사는 입주자들끼리 친해지면 밥도 같이 해서 먹고, 차도 마시고 이야기도 나누는, 말 그대로 두 번째 식구가 되는 것이다. 지금은 고시원과 원룸에 사는 경우가 많지만, 셰어하우스의 이러한 장점을 알고 입주자들이 점점 늘어나고 있어 하나의 주거 임대업으로 자리를 잡아가고 있다.

우리나라의 1인가구는 580만 이상인데, 그중에서 49세 이하의 1인가구 수가 과반수 이상인 293만 가구를 차지하고 있다(2018년 기준, 국가통계포털). 우리가 여기서 눈여겨볼 것은 주거 문제이다. 월세 상승과 공유경제가 가속화되면서 원룸보다도 저렴한 가격에 안전하고 쾌적한 셰어하우스가 주목받기 시작한 것이다.

이제는 셰어하우스가 잠깐의 이슈가 아니라 청춘들의 주거 트렌드로 자리매김하고 있다. 신문에도 '셰어하우스 5년 만에 26배 성장, 원룸·고시원 밀어낸다', '셰어하우스 반년 만에 77%↑…', '1인가구 증가, 셰어하우스 찾는 나 홀로 세대도 증가' 등 기사들이 대거 등장하고 있으며, 셰어하우스를 무대로 한 시트콤이나 예능도 나오고 있다. 지혜

1인가구 수 전망

단위: 만 명 출처 : 통계청, 보건복지부

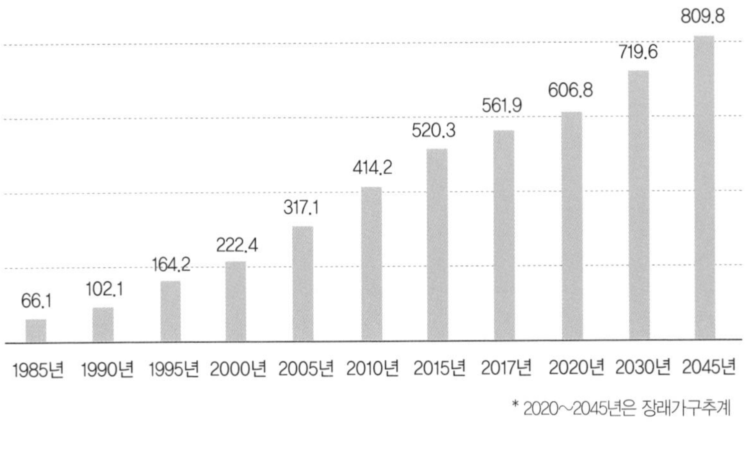

* 2020~2045년은 장래가구추계

연도별 셰어하우스 증가 추이 자료: 컴앤스테이

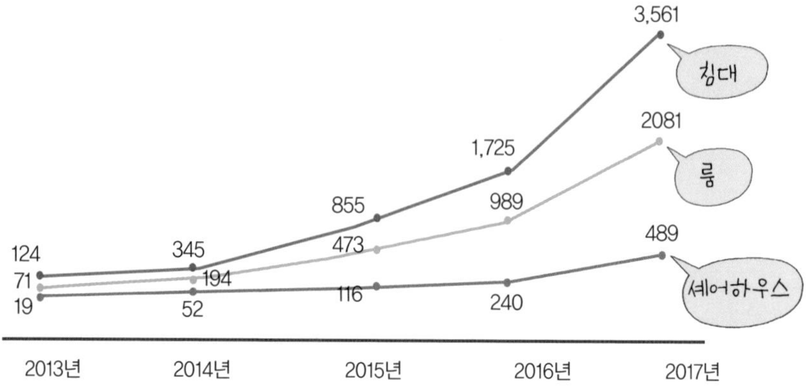

로운 투자자라면 트렌드 속에서 기회를 잡아야 한다.

셰어하우스는 누구나 꿈꾸는 월세 받는 주인이 되는 디딤돌, 월세 부자가 되는 확실한 방법, 부동산 임대 시스템을 갖추는 좋은 방법이다. 직장인, 주부, 퇴직자. 사회초년생 누구나 돈이 없어도, 부동산 투자의 고수가 아니라도 할 수 있다. 할 수 있다는 의지와 자신감, 발품을 파는 열정, 긍정적인 마인드만 가지고 있으면 누구나 월세 부자가 되는 임대 시스템을 가질 수 있다. 바로 셰어하우스를 통해서!

03
나의 셰어하우스 스토리 – "나도 월세 부자가 되고 싶다"

20대에 얼결에 아파트를 사다

10여 년 전, 당시 호주 유학과 워킹홀리데이가 붐이었다. 유학원들은 문전성시를 이루었고 설명회를 하면 큰 강당이 꽉 찰 정도로 사람들의 관심이 폭발하던 시기였다.

나도 어느 순간 그 무리 속에 끼어 호주 유학을 가게 되었고, 20대 중반이었던 나는 돌아왔을 때 주택가격이 크게 올랐다면 집을 사기 힘드니, 소형이라도 전세 끼고 사놓고 가라는 부모님의 성화에 자의 반 타의 반으로 공인중개사 사무실에 들렀다. 직장생활을 하며 모은 돈이 3,000만원으로 많지 않았지만 말 그대로 내 자리, 내 집을 사놓고 가고 싶었다.

가진 돈이 많지 않았기에 살고 있는 집 근처부터 돌기 시작했다. 초등학교 때부터 계속 살아서 지리를 훤히 알고 있던 노원구에서 교통, 학군, 편의시설이 잘 갖추어진 아파트들부터 찾아다녔다. 공인중개사 사장님은 14년 전 당시 앞으로 재건축이 될 거라고 창동을 권해 주셨지만 살던 곳이 아니다 보니 낯설었다.

당시 창동역 앞 주공아파트 21평이 1억 초반이었다. 상계주공아파트도 가격이 비슷했다. 결국 다 돌아본 뒤 살고 있던 동네에서 가까운 상계동 근처로 매수했다. 전세가와 매매가가 3,000만원 정도 차이가 나서 가지고 있는 돈으로 순조롭게 매수할 수 있었다.

당시 아파트 가격이 안 오르던 때라 매매보다 전세로 살고 싶어하는 사람들이 많았다. 그래서 기존 세입자가 계약을 연장했기에 전세 놓는 문제도 일사천리로 해결되었다.

2년 후 한국에 돌아오니 아파트 전세가가 많이 올라 있었다. 다른 곳에 월세로 살며 아이를 낳고 키우며 지내던 차, 공인중개사 사무실에서 전세를 몇 번 돌린 노원구 아파트를 팔라고 자꾸 전화가 왔다.

이미 인천에 아파트 한 채를 더 사놓았는데, 청개구리 심보가 나오는지 팔라고 하니 더 갖고 싶은 욕망이 들었다. 알고 보니 팔라고 하는 시기가 지나면 바로 몇 천씩 가격이 오르는 게 아닌가. 보릿고개처럼 고비를 넘길 때마다 아파트 가격은 쑥쑥 올랐다.

그렇게 버티던 중 직장과 모든 생활권이 인천이다 보니 이쪽에 또 집을 사게 되었다. 다주택자가 되니 뭔가 모를 부담감에 시세차익을 실현해야겠다는 생각이 들어 미련 없이 노원구의 아파트를 팔았다. 하지만 이 아파트가 결국 나를 부동산 투자로 빠져들게 만들었다.

월세 부자로 가는 지름길, 셰어하우스 너로 정했어!

노원구의 아파트를 팔고나니, 더 이상 못 오를 것 같았던 그 지역의 소형 아파트 가격이 다음해부터 미친 듯이 오르기 시작했다. 그때부터 배가 아프기 시작했다. 부동산은 사기만 잘 사야 되는 것이 아니라, 팔

때도 잘 알고 팔아야 한다는 것을 뼈저리게 느꼈다.

지나간 일은 어쩔 수 없으니 이제부터 후회 없이 부동산 투자 공부를 해 보자고 결심했다. 인천의 아파트 두 채는 목표수익을 이루고 이른바 어깨라고 생각했을 때 팔았다. 그러면서 5년 동안 수많은 곳을 다니면서 현장에서 부동산에 대해 보고 듣고 공부하고 투자했다.

"알면서 안 하는 것과 몰라서 안하는 것은 다르다"는 말이 있다. 이것은 큰 차이이다. 알면서 안하는 것은 기회를 만들거나 기회가 생겼을 때 하면 된다. 하지만 '몰라서 안 하는 건 평생 모르고 죽을 수도 있다.' 이런 경우 진짜 힘들고 문제가 생겼을 때 대처할 수 있는 방법에도 한계가 있다. 내게는 셰어하우스가 바로 그런 경우이다. 알았기에 기회가 왔을 때 잡을 수 있었다.

마침 경매물건을 알아보던 중 셰어하우스에 딱 맞는 물건이 눈에 띄었다. '그래, 기회다!' 나는 호주에서 좋았던 기억을 되살려 셰어하우스를 창업하기로 결심했다.

매일 출근하지 않아도, 휴일에도, 나 대신 계속 매월 수익을 가져오는 월세 시스템을 꼭 만들고 싶었다. 특히 요즘 같은 시대에는 부동산 규제도 많고 집을 소유한 만큼 내야 할 세금도 많아졌기에, 집을 소유하지 않고도 월세를 2~3배 받을 수 있는 셰어하우스의 매력이 더욱 크게 다가왔다.

경매로 셰어하우스에 도전하다 — 수익률 30%에 시세차익까지

경매물건을 찾던 중 천안의 65평 대형 아파트가 눈에 들어왔다. 당시 천안은 공급 물량이 많았고 인근 동네인 신불당에는 입주가 계속되어 주변 아파트 가격이 계속 떨어지고 있었다.

하지만 신불당의 공급이 안정되면 불당동, 쌍용동까지 다시 좋아질 것 같았다. '이 집을 이용해 셰어하우스 사업에 도전해 보자!' 게다가 나중에는 팔아서 시세차익까지 얻을 수 있을 것으로 예상되었다.

낙찰 성공! 다행히 이 아파트는 이미 유찰되어 최저매각가격이 매우 낮은 데다가 입찰자가 별로 없어서 시세보다 훨씬 싼 가격에 낙찰을 받을 수 있었다.

낙찰 후 명도를 진행하면서 셰어하우스 관련 자료를 찾아 공부하며 손품, 발품을 팔아 차근차근 계획을 세우고 만들어 나갔다. 그때까지만 해도 셰어하우스는 강남구나 마포구 등 서울 중심으로 생겨날 때라 지방에는 전무했다. 공인중개사나 천안의 대학생들은 셰어하우스 개념조차 잘 몰랐을 때였다. 입주 상담을 할 때도 셰어하우스의 개념부터 하나하나 설명해 줘야 해서 난감했던 기억이 난다.

셰어하우스 운영이 처음이었기에 가구도 가전제품도 어림잡아 준비해서 설치하다 보니 너무 크거나 필요가 없는 물건을 괜히 산 경우도 있었다. 그만큼 투자비용이 더 들어갔다.

대학생 대상인데 5월에 오픈했기에 문의가 생각만큼 많이 오지 않았고, 2학기가 시작될 때까지 버티자는 심정으로 계약기간도 자유롭게, 가격도 오픈 할인가로 낮추고 홍보를 하니 직장인들에게 연락이 오기 시작했다.

"성공은 노력을 배신하지 않는다"는 말처럼, 1호점은 곧 만실이 되었고 30%가 넘는 높은 수익률을 올리고 있다. 게다가 경매로 매우 싸게 낙찰받았기에 아파트 가격이 오르지 않더라도 수천만 원의 시세차익도 보고 있다.

현재는 근처 대학생들로 만실이고 대기 문의도 끊임없이 오며 효자 노릇을 톡톡히 하고 있다. 주변 지역의 입주가 마무리됨에 따라 아파트 매매가도 계속 오르고 있다. 하지만 수익률이 매우 좋아 셰어하우스로 계속 운영할 생각이다.

두 번째 지점을 열다

"셰어하우스는 안 하는 사람은 있어도, 하나만 하는 사람은 없다"는 말이 있다. 1호점을 하며 수익률이 30%가 넘고 수천만 원이 넘는 시세차익까지 얻게 되자 지점을 늘리기로 했다.

두 번째 셰어하우스도 같은 천안 지역이다. 산업단지가 옆에 있어 젊은 직장인들을 수요로 잡고, 집주인에게 아파트를 월세로 빌려 셰어

하우스로 꾸며 입주자들에게 월세를 받는 전대차 방식으로 운영하기로 했다.

그러다 보니 초기 투자금액이 매우 적게 들어갔다. 집을 빌리는 월세 보증금이 1,000만원이었다. 월세로 임대했기에 도배, 장판 등 간단한 인테리어 수리를 집주인이 해 주어 세팅 비용도 아낄 수 있었다. 총 투자금액은 약 1,500만원이다. 그리고 집주인에게 줄 월세를 제하고도 월 142만원의 수익을 올리고 있다. 고작 1,500만원을 들여서 말이다.

경매로 3호점 도전, 월세 효자가 되다

셰어하우스 2호점도 성공하자 자신감이 붙었다. 이제 셰어하우스를 어떤 기준으로 세우고 운영해야 할지가 눈에 보였다. 매월 월세 1,000만원과 시세차익까지 얻겠다는 목표를 세웠다.

3호점인 부경점도 경매로 낙찰을 받았다. 셰어하우스 운영을 위해 입지부터 평수, 방 개수까지 철저하게 임장하고 분석해서 입찰했다. 안서동은 대학교가 4개 모여 있다 보니 셰어하우스를 창업하기가 좋은 지역이었다. 평수가 크다 보니 경쟁률이 낮아 매우 싸게 낙찰을 받을 수 있었다.

그런데 이 아파트는 48평인데 방이 고작 3개밖에 안 되고 대신 거실과 주방이 매우 컸다. 그래서 커다란 거실 한쪽에 1인실을 2개 만들고, 주방을 가벽으로 막고 1인실 하나를 더 만들어 수익률을 높였다.

셰어하우스 운영 경험이 쌓이자 어떤 구조로 만들어야 입주자들이 좋아하고 수익률도 높일 수 있는지 노하우가 생긴 것이다. 집이 깨끗하고 넓고 쾌적해서 보러 오는 입주 희망자들이 다른 곳도 다 취소하고 바로 계약했다.

부경점은 입주자들의 보증금이 400만원이고 월세가 195만원이며, 지출은 대출이자 34만원(매달)이다. 몇 천 만원을 투자해 매월 이자를 제하고도 161만원의 수익을 올리고 있다.

월세 일년치를 연세로 받고 있기 때문에 월세 밀릴 걱정도 없고 관리도 편한 효자 물건이 되었다. 게다가 경매로 매우 싸게 구한 자가 셰어하우스이기 때문에 시세차익까지 누리고 있다.

강남으로 진출하다

셰어하우스 5개 지점을 성공시킨 후 서울의 강남에서도 셰어하우스를 열어보자는 생각이 들었다.

먼저 직방·다방·피터팬, 네이버 부동산, 셰어하우스 블로그들을 살펴보며, 강남에서 셰어하우스가 몇 채 운영되고 있는지, 잘되고 있는지부터 파악했다. 서울은 매매로 할 경우 투자금액이 많이 들기 때문에 월세로 빌려서 전대차로 운영하기로 했다. 그다음 보증금과 셰어하우스들의 방세가 얼마인지 알아보고 괜찮은 곳의 공인중개사와 약속을 잡았다.

강남역을 기점으로 다 돌아다녀보면서 접근성이 가장 좋으면서 보증금과 월세가 높은 곳은 네이버 지도에 빨간색으로 표시했다. 두 번째로 좋은 입지는 주황색, 강남역에서 좀 떨어진 곳은 파란색으로 표시했다.

그런 다음 발품을 판 결과 파란색 입지에서 셰어하우스를 할 만한 빌라를 구할 수 있었다. 도보로 역삼역까지는 10분, 강남역까지 15분 정도가 걸렸다. 버스는 집 앞으로 수시로 다녔다. 주택가 길이 넓은 편이고 상가주택들이 많다 보니 곳곳에 예쁜 카페와 맛집들이 많아서 걸어다녀도 무섭지 않았다.

강남점은 2인실과 3인실로 구성했다. 2인실은 공간 활용을 위해 벙커 침대로 구성하기로 했다. 강남은 직장인들 위주로 문의가 오고 계약직으로 다니는 경우가 많다 보니 단기로 운영 중이다.

지금은 7개 지점을 운영하고 있는데 곧 8, 9호점을 오픈할 계획이다. 월세 수익은 모든 비용을 제하고 월 700~800만원 수준이다. 셰어하우스를 시작하며 월 1,000만원의 월세 수익을 얻는 게 목표였는데 머지 않다. 이 정도 월세면 거의 20, 30억원짜리 건물의 월세보다 쏠쏠한 셈이다.

강남에도 셰어하우스를 오픈해 운영 중이다. 그림은 강남에서 셰어하우스용 집을 물색할 때 쓰던 네이버 지도. 입지를 빨간색, 주황색, 파란색 순으로 표시해 발품을 팔았다.

요즘 핫하다는 서울 마포구 연남동 인근의 성산동에서 30억원짜리 건물을 사려면 내 돈이 아무리 작아도 10억원 훌쩍 넘게 있어야 하며, 대출이자 등을 제하고 나면 몇 백만 원 손에 쥐기도 쉽지 않다. 왜 셰어하우스가 쏠쏠한 월세 투자인지 알 수 있는 대목이다.

월세 부자, 돈이 많아야만 되는 것은 아니다. 작은 돈으로 시작해 보자.

환하고 세련된 분위기의 1인실. 입주자들에게 인기가 높다.

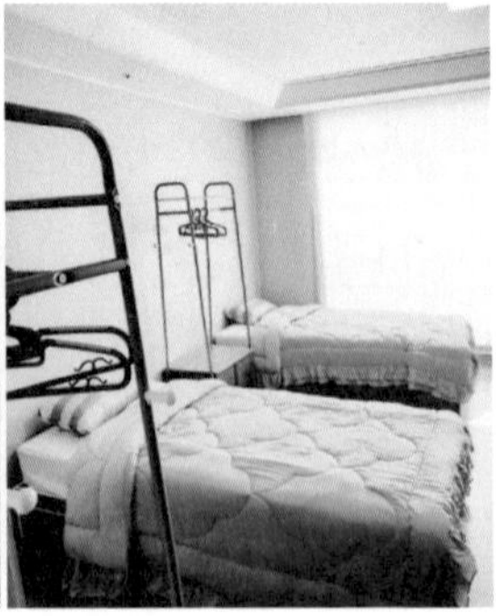

04

셰어하우스 수요가 늘어나는 이유

셰어하우스는 흔히 부동산 투자에서 생각하는 주택의 수요/공급과는 다르게 봐야 한다. 부동산 투자에서는 "공급 물량 앞에는 장사 없다"라는 말이 있을 정도로 수요와 공급을 중요시한다.

하지만 셰어하우스는 원룸 · 고시원 · 기숙사에서 살던 사람들의 수요가 끊임없이 넘어오는 구조이다. 셰어하우스가 아무리 많이 생겨도 아파트 분양이나 택지개발예정지구처럼 대규모로 공급되는 것도 아니다.

요즘은 입주자들을 받아보면 아예 원룸이나 기숙사를 배제하고, 바로 셰어하우스에 살고 싶어서 오는 사람들이 점점 많아지고 있다. 특히 원룸에 딸을 혼자 보내기 꺼리는 여대생 부모님들이 먼저 찾아보고 문의를 하는 경우가 많다. 이를테면 천안의 경우 대학생은 10만 명에 육박하지만 기숙사에 들어갈 수 있는 인원은 반도 안 된다.

예전에는 원룸이나 하숙, 고시원 등으로 갔지만, 셰어하우스의 인지도가 점점 늘어나면서 수요자들이 끊임없이 들어오고 있는 것이다. 셰어하우스의 수요가 이처럼 늘어나는 배경은 무엇일까?

1인가구의 증가

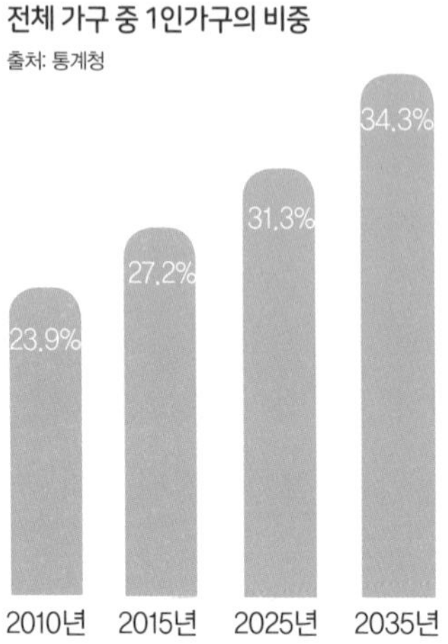

2018년 우리나라의 1인가구는 약 585만 가구로 전체 가구의 29.3%에 달하며, 이런 추세라면 2025년에는 685만 가구로 3가구 중 1가구를 차지할 것으로 예상된다.

1인가구 중에서 셰어하우스의 주요 입주층인 대학생, 사회초년생을 포함한 20, 30대가 40%나 된다. 한편 청년 1인가구의 주거비 부담률을 살펴보면, 월 임대료가 월 소득의 20%가 넘는 경우가 56.9%로 가장 많았고 30%가 넘는 경우도 37%나 되었다. 즉, 소득은 작은데 주거비로 나가는 임대료 부담이 큰 것이다.

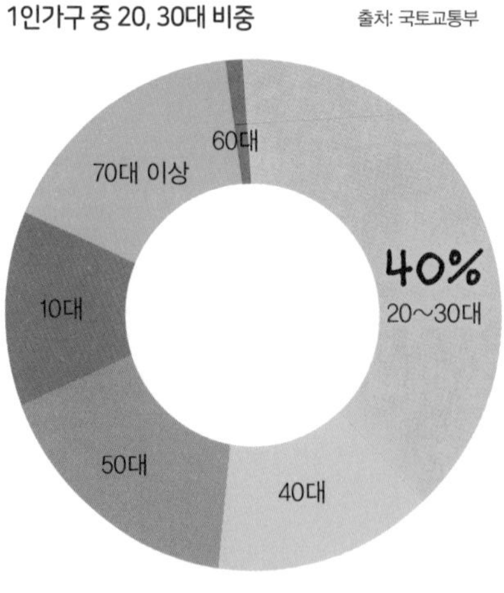

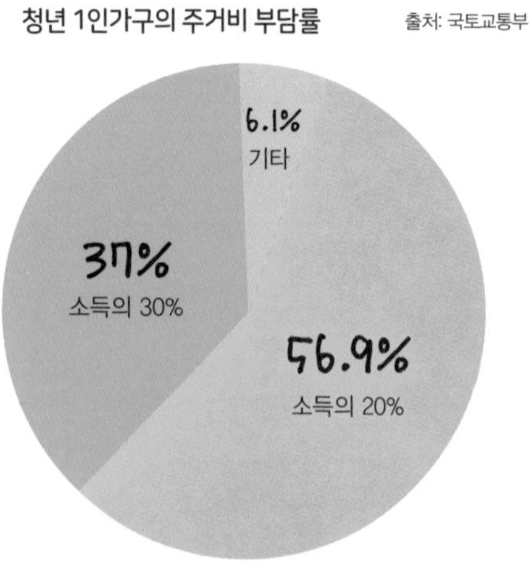

외로움과 심리적 안정

1인가구의 우려를 조사한 결과 외로움과 심리적 안정이 가장 높았다. 심리적 안정과 외로움은 넓은 집에서 잘 먹고 잘산다고 해서 채워지는 것이 아니다. 사람들과 더불어 살며 사회적 관계를 이루어나갈 때 비로소 채워질 수 있다.

셰어하우스는 흔히 '두 번째 식구'라고도 한다. 셰어하우스에서 살다 보면 외로움을 조금이라도 덜 수 있고, 심리적으로 누가 나와 같이 한집에 산다는 것만으로도 안정감을 느낄 수 있다. 특히 여성이라면 더할 것이다. 실제로 셰어하우스는 여대생과 20대, 30대 여성 직장인 수요가 많다.

1인가구의 우려

단위: % 출처: KB금융거주연구소, 「2018 한국 1인가구 보고서」

	전체	20대	30대	40대	50대
외로움 등 심리적 안정	44.3	40.8	46.7	42.2	46.0
건강 관리	43.9	32.5	35.6	54.9	50.2
안전 · 위험 요소	31.2	37.1	31.8	33.5	24.2
식사(끼니) 해결	30.6	37.1	35.4	22.2	29.0
안정적인 직업	20.8	19.3	21.5	21.8	19.8
주거 및 생활환경	16.5	25.0	16.8	13.7	13.3
주위 시선	12.1	7.8	11.6	10.8	16.9

안전상의 이유

1인가구의 또 다른 우려는 안전이다. 특히 여성의 경우 안전에 취약한 원룸 등에 혼자 사는 경우 각종 사건, 사고에 대한 우려가 크다. 그 이유로 CCTV, 출입구 보안시설, 방범창 등 안전시설의 미비와 외부 침입 용이 등을 들고 있다.

셰어하우스는 여러 명이 살고, 지방 같은 경우 아파트가 대부분이라 CCTV, 출입구 보안시설, 안전시설 등이 잘 갖춰져 있고 관리실이 있기 때문에 안심하고 살 수 있다.

이런 이유들로 인해 현재 남성보다 여성 전용 셰어하우스가 몇 배나 더 많고 꾸준히 늘어나고 있다. 남성분들에게도 남성 전용 셰어하우스가 있으면 입주하고 싶다는 문의가 간혹 온다. 하지만 남성 전용은 거의 없는 것이 현실이다.

서울 청년여성 1인가구의 불안 원인

단위: % 기준: 2016년 출처: 서울시여성가족재단

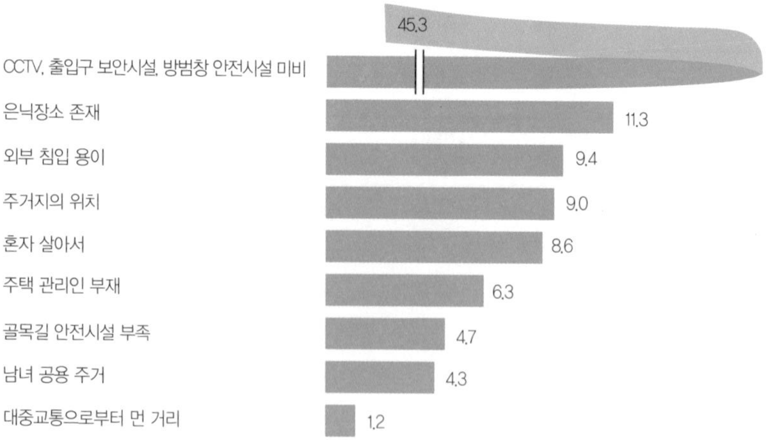

서울과 일본의 셰어하우스 입주자 남녀 비율 기준: 2018년 12월 출처: 셰어킴 데이터 및 일본 히츠지 부동산

셰어하우스를 운영해 보면 왜 그런지 알 수 있다. 예를 들어 여성들에게 입주 문의가 20명 온다면 남성은 1명 정도 문의가 온다. 운영자 입장에서는 여성들의 문의만 받고 입주시켜도 금방 만실로 채울 수 있는데, 굳이 남성 입주자들이 다 찰 때까지 하염없이 기다릴 수 없다. 그만큼 남성들은 여성들에 비해 셰어하우스 수요가 별로 없다. 남성 전용을 하고 싶으면 정말 없는 곳에 가서 독자적으로 차리면 잘될 수도 있을 것이다.

05 셰어하우스의 현재는 어떨까?

셰어하우스는 어디에 많을까?

현재 셰어하우스는 전국에 740여 개, 그중에서 서울에만 500여 개가 몰려 있다. 특히 서울시의 경우 연세대·이화여대·서강대 등 대학이 밀집된 마포구와 서대문구의 대학가 주변, 직장인들이 많은 강남구,

서울시 셰어하우스 분포

기준 : 2018년 12월 31일 출처: 셰어킴 데이터, 강북구청 블로그

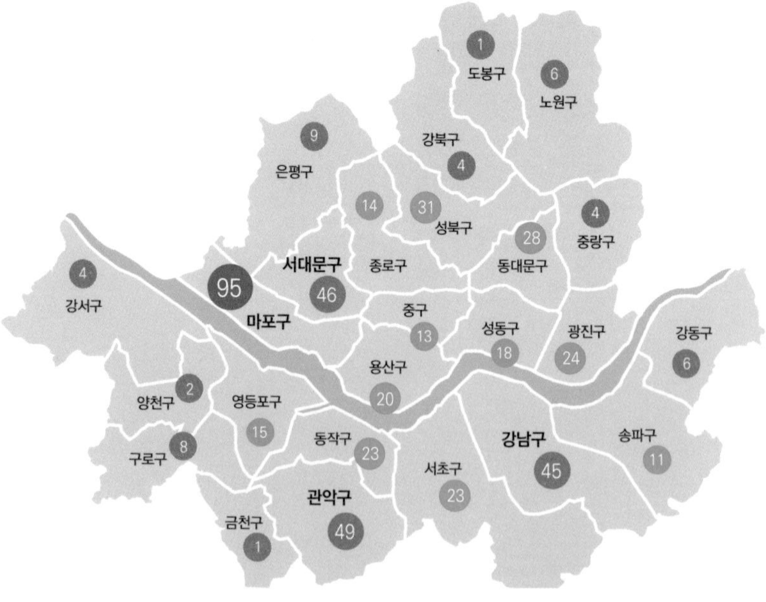

취업준비생과 공시족들이 많은 관악구가 증가세이다.

서울에는 3,000~4,000명 정도가 셰어하우스에서 살고 있는데 마포구, 관악구, 서대문구, 강남구에 많다.

지하철 노선으로 보면 서울대입구역, 홍대입구역, 망원역, 합정역, 강남역 등에 많다. 특히 대학교 근처에 셰어하우스가 많은 경향이 있다.

서울시 셰어하우스 상위 6개 구

기준 : 2018년 12월 31일 출처: 셰어킴 데이터

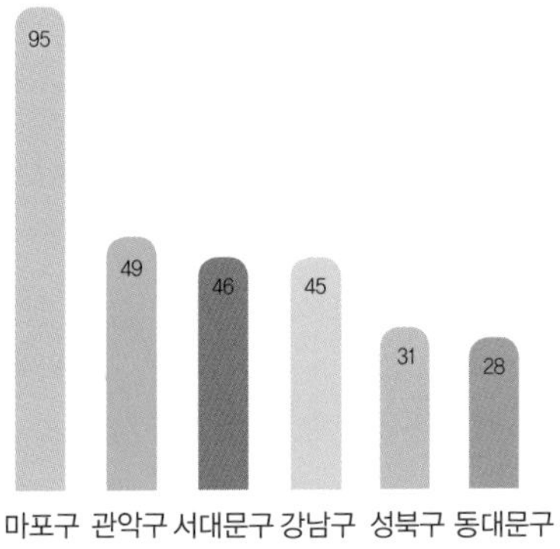

수요는 얼마나 될까?

지금도 셰어하우스는 점점 늘어나고 있다. 대기 수요자가 풍부한 상태이기 때문이다. 직장인들을 빼고 대학생들만 보더라도 서울에 대학교

전국 대학교 수

출처: 서울시

시도	전문대학	교육대학	일반대학	전체	시도	전문대학	교육대학	일반대학	전체
서울	9	1	38	88	경기	31	–	30	80
경북	15	–	18	38	부산	9	1	12	24
충남	6	1	13	24	경남	10	1	10	24
전북	9	1	8	21	대전	4	–	11	20
강원	9	1	8	19	전남	9	–	10	19
광주	6	1	10	18	충북	5	1	11	18
대구	7	1	3	13	인천	3	1	3	10
울산	2	–	2	6	세종	1	–	2	4
제주	2	–	2	4	합계	137	10	191	430

는 88개, 대학생은 978,751명이며, 그중에서 여대생은 525,529명이다. 이중에서 통학을 하거나 원룸이나 고시원 등 다른 대체재를 감안하더라도 셰어하우스에 살고 있는 사람은 3,200명 정도이므로 전체 대학생 수의 3%밖에 되지 않는다.

서울시 대학생 수

출처: 서울시

구분	전체 학생	여학생	구분	전체 학생	여학생
종로구	232,954	143,654	성북구	106,116	56,837
동대문구	104,691	51,519	서대문구	99,582	59,350
광진구	57,628	24,423	동작구	56,783	25,180
노원구	56,651	26,213	성동구	54,924	28,223
마포구	35,796	16,205	관악구	34,261	13,666
중구	29,611	16,419	서초구	20,055	12,183
용산구	17,261	15,119	강서구	15,819	8,556
구로구	15,601	4,839	중랑구	14,627	6,454
강북구	12,164	6,682	도봉구	7,040	7,027
송파구	4,093	1,247	강남구	1,303	541
은평구	972	539	영등포구	287	175
양천구	230	230	금천구	203	159
강동구	99	89	합계	978,751	525,529

어떤 주택에서 많이 운영하고 있을까?

서울의 경우 조사 자료를 보면 빌라, 아파트, 단독주택 순이다. 서울은 아파트 가격이 너무 높아서 투자금이 많이 들어가기 때문에 빌라에서 운영하는 경우가 많다. 우리도 지방에서는 무조건 아파트에서 운영하고 있지만, 서울 강남지역에서는 빌라에서 운영하고 있다.

다음 그래프에서 기타 항목은 셰어하우스 전용 건물을 말한다. 요즘 서울에는 처음부터 셰어하우스용 집으로 설계하여 지은 후 창업하는 경우가 늘어나고 있다. 층마다 공유 공간을 만들어 놓았으며, 1층에는 입주자가 자유롭게 이용할 수 있는 카페가 들어서는 경우도 있다.

서울시 셰어하우스 주택 유형별 점유율

기준: 2018년 12월 31일 출처: 셰어킴 데이터

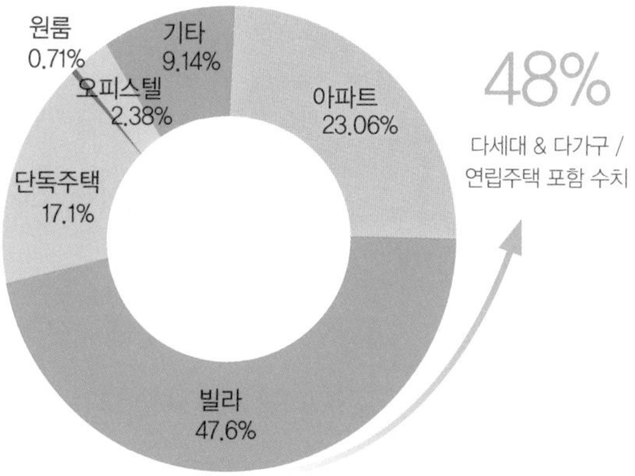

입주자의 보증금과 임대료는 얼마일까?

서울을 기준으로 보면 2018년 12월 셰어하우스 입주자의 평균 보증금은 약 138만원, 임대료는 42만 6,000원이었다. 그해 6월보다 임대료는 6,000원이 올랐고, 보증금은 25만원 정도 오른 금액이다.

서울시 주요 구별 1~4인실 평균 임대료

기준: 2018년 12월 31일 출처: 셰어킴 데이터

보증금 평균	1,386,000원
임대료 평균	426,000원
1인실	480,000원
2인실	406,000원
3인실	362,000원
4인실	360,000원

특히 주목할 점은 같이 살면서도 프라이버시를 점점 중요하게 생각함에 따라 1인실이 늘어나고 임대료도 올라가고 있다는 점이다. 2인실은 1인실과 점유율이 비슷했지만 소폭 하락했고, 3인실 이상은 선호도가 많이 떨어지고 있다.

셰어하우스 1~4인실의 점유율 변화

기준: 2018년 12월 31일 출처: 셰어킴 데이터

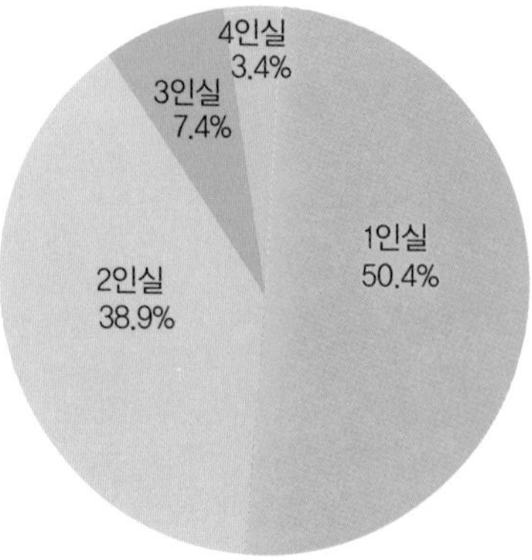

1인실의 월세는 평균 48만원, 2인실은 40만 6,000원, 3인실 이상은 30만원대 정도이다.

서울시의 지역구별 셰어하우스 평균 임대료를 세분화해서 살펴보면, 보증금 및 월세가 가장 높은 곳은 강남구로서 보증금 158만원에 월세가 48만 5,000원이었고, 마포구는 보증금 144만원에 44만원이었다.

서울시 셰어하우스 상위 구의 평균 임대료

단위: 원 기준: 2018년 12월 31일 출처: 셰어킴 데이터

구분	1인실	2인실	3인실	4인실
강남구	550,000	424,000	352,000	440,000
관악구	463,000	380,000	380,000	326,000
동대문구	485,000	400,000	361,000	345,000
마포구	492,000	407,000	354,000	338,000
서대문구	460,000	389,000	361,000	321,000
성북구	469,000	411,000	357,000	360,000

서울시 25개 구별 셰어하우스 평균 임대료

단위: 원 기준: 2018년 12월 31일 출처: 셰어킴 데이터

구분	보증금	월세	구분	보증금	월세
양천구	5,928,000	528,000	종로구	1,002,000	499,000
강남구	1,598,000	485,000	동작구	3,404,000	474,000
송파구	875,000	471,000	영등포구	867,000	465,000
용산구	819,000	462,000	중구	1,452,000	453,000
서초구	1,226,000	446,000	성북구	1,284,000	438,000
마포구	1,432,000	435,000	동대문구	1,236,000	435,000
서대문구	984,000	431,000	광진구	1,068,000	430,000
노원구	1,068,000	430,000	강서구	1,450,000	423,000
관악구	990,000	419,000	강동구	653,000	418,000
성동구	1,975,000	416,000	중랑구	822,000	411,000
구로구	851,000	402,000	금천구	1,000,000	375,000
도봉구	695,000	347,000	은평구	1,899,000	330,000
강북구	640,000	324,000			

월세 수익과 시세차익의 두 마리 토끼를 잡아라! 자가 및 전대차 셰어하우스의 시작 노하우를 공개한다. 특히 경매투자와 접목해 수익률을 높이는 법이 돋보인다.

2

Part

셰어하우스 시작하기

01
경매나 매매로 시작하면 뭐가 좋을까?

셰어하우스 사업은 크게 '자가로 운영하는 방법'과 '세를 얻어서 운영하는 방법'이 있다. 각각의 장단점이 있으므로 각자 본인에게 맞는 방법을 잘 선택하는 것이 중요하다.

집값이 비싼 수도권의 경우 세를 얻은 집으로 셰어하우스를 운영하는 경우가 많다. 반면 주로 대학생들을 대상으로 하는 지방의 경우에는 세를 얻어 운영하는 경우도 있지만 자가를 이용해 운영하기도 한다. 우리도 서울 강남에서는 세를 얻어 운영하고 있고, 지방에서는 경매로 아파트를 시세보다 싸게 낙찰받아 운영하면서 월세 수익과 시세차익까지 노리는 경우도 있다. 자가로 셰어하우스를 운영할 때의 장점을 알아보자.

월세 수익 + 시세차익으로 일석이조!

자가 셰어하우스의 경우 운영하는 동안 월세 수익을 얻을 수 있고, 나중에 집값이 오르면 팔아서 양도차익도 얻을 수 있다. 부동산 침체기나 회복기 초기에 일반매매 또는 경매로 주택을 구입한 후에 셰어하우스로 운영하다가, 부동산 상승기와 급등기 때 매도하여 양도차익을 얻는 것이다. 물론 이 방법은 기본적으로 부동산에 대해서 많은 공부와 경험이 필요하다. 우리도 경매로 매우 싸게 낙찰받아 월세 수익뿐 아니라 수천만원의 시세차익을 얻은 경우가 몇 번 있다.

부동산 시장 사이클과 셰어하우스 운영

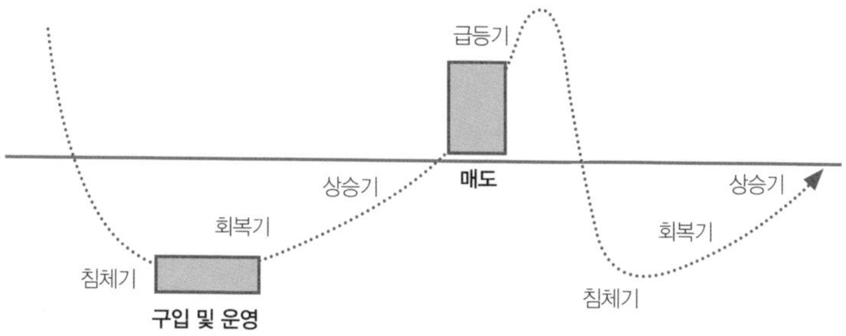

인테리어를 내 맘대로 해서 수익률을 높인다

내 집이므로 구조변경이나 인테리어를 마음대로 할 수 있다. 실제로 경매로 낙찰받아 운영하는 지점 중 하나는 방이 3개였는데, 58쪽 그림처럼 구조를 변경하여 1인실 2개를 추가하고, 주방 옆의 빌트인 냉장고를 없애고 가벽을 설치하여 새로 1인실을 만들어 수익률을 높인 바 있다.

재계약 부담이 없다

세를 얻어 셰어하우스를 운영할 경우 계약기간이 만료된 후 연장이 힘든 경우도 있다. 하지만 경매로 낙찰받거나 내가 매수한 집일 경우 재계약 걱정을 할 필요 없이 안정적으로 운영할 수 있다.

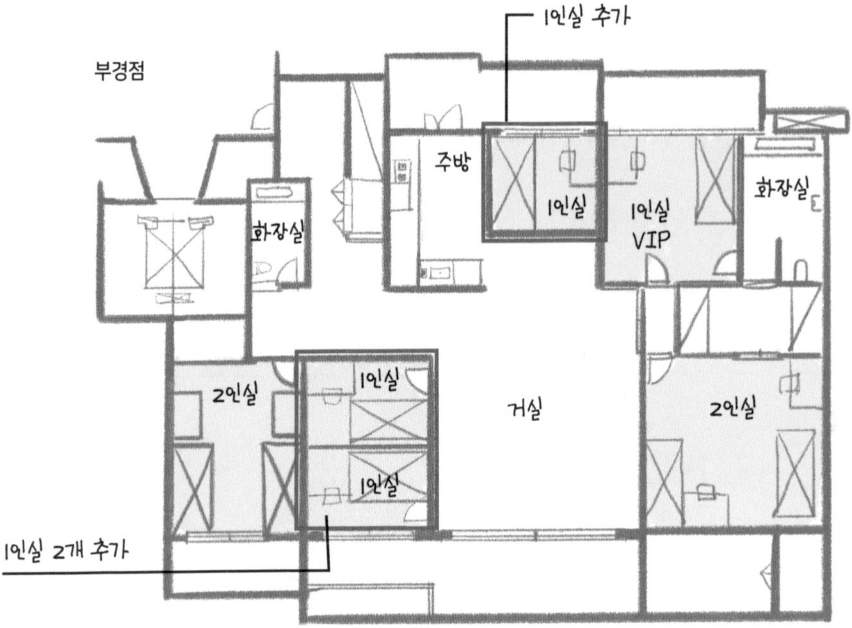

반전세 및 세입자 전입신고도 가능하다

셰어하우스용 집을 사거나 경매로 낙찰받아 운영할 경우 집값이 비싸므로 투자금이 많이 드는데, 입주자들에게 보증금을 더 많이 받고 월세를 줄이는 식으로 반전세로 운영하며 투자금을 줄일 수도 있다. 가끔 전입신고를 요청하는 입주자가 있는데, 세를 얻어 운영할 경우에는 전입신고가 힘들지만 자가의 경우 입주자에게 쉽게 전입신고를 해 줄 수 있다.

자가로 운영 시 어떤 점이 나쁠까?

자가로 셰어하우스를 운영할 경우 단점도 있다.

첫째, 초기 투자금액이 많이 들어간다. 경매로 2억원짜리 아파트를 낙찰받아 셰어하우스로 운영한다면 대출을 제외하고 초기 투자금액이 4,000~5,000만원 정도 들어간다.

둘째, 경매로 셰어하우스를 마련하려 할 경우, 입찰자가 많으면 낙찰이 쉽지 않기 때문에 일반매매도 같이 고려하는 것이 좋다.

셋째, 경매로 셰어하우스용 집을 마련할 경우, 낙찰을 받은 후 기존에 살던 사람이 이사를 가고 소유권이 완전히 넘어오는 데까지 짧게는 2~3개월, 길게는 6개월 정도 걸리는 경우도 있다. 셰어하우스를 오픈하여 월세를 받는 것이 그만큼 늦어질 수 있다.

넷째, 부동산 시장의 사이클을 잘못 예측하면 오히려 집값이 떨어질 수도 있다. 따라서 자가로 셰어하우스를 운영할 경우 부동산 공부를 많이 해서 싼 가격에 사는 것이 필수이다. 그래야 매월 또박또박 나오는 월세 수익과 함께 시세차익까지 누릴 수 있다는 것을 명심하자.

02 자가 셰어하우스용 주택 고르는 법

우리는 서울 강남점 등은 주택을 월세로 빌려서 셰어하우스로 꾸며 운영 중이지만, 월세 수익뿐 아니라 시세차익을 얻기 위해 경매로 싸게 낙찰받은 다음에 수리와 인테리어를 해서 운영하는 경우도 있다. 그렇다고 큰 투자금이 드는 것은 아니다. 가격이 매우 떨어진 경매물건을 고르고 대출을 이용하기에 투자금액이 4,000~5,000만원 정도 들었다.

자가 셰어하우스 선택하는 과정

자가 셰어하우스를 선택할 때는 다음과 같은 과정을 거쳐야 한다.

첫째, 입지를 확인한다.

부동산은 역시 입지가 첫 번째로 중요하다. 셰어하우스도 마찬가지다. 다만 셰어하우스는 일반 주택과 입지 선택 방법이 좀 다른 것이 있다. 매입 전에 셰어하우스 운영 수익률이 높을 만한 입지를 고르는 눈을 가져야 한다. → **3장 상세 설명**

둘째, 원하는 주택 유형을 선택한다.

서울의 경우 아파트는 가격이 너무 비싸기 때문에 다세대나 빌라로

경매 법정의 모습. 최고가로 입찰한 사람이 낙찰자가 된다.

하는 경우가 많고, 지방의 경우는 아파트가 좋다.

셋째, 평수가 크고 방의 개수가 많은 주택을 고른다.

셰어하우스는 방 개수가 많아야 한다. 아파트나 빌라의 평수가 아무리 커도 거실, 주방 등 공동 생활공간만 쓸데없이 너무 넓고 방의 개수와 방의 크기가 작으면 입주자를 많이 받을 수 없다. 실제로 운영해 보면 입주자들이 거실이나 주방을 생각만큼 많이 사용하지 않는다. 중요한 것은 방과 화장실이다. → **118쪽 상세 설명**

넷째, 권리분석상 이상이 없는지 확인한다.

등기부등본상 문제가 없는지 확인하는 과정이다. 경매를 조금만 알고 있으면 크게 문제가 될 것은 없다. 일반매매로 사는 경우에도 당연히 권리분석상 하자가 없는지 살펴보아야 한다 → **67,76쪽 상세 설명**

다섯째, 주위에 운영 중인 셰어하우스를 확인한다.

인근에 셰어하우스가 많으면 경쟁으로 수익성이 떨어질 수 있다. 주변에 셰어하우스가 얼마나 운영되고 있는지, 잘 운영되고 있는지 사전에 확인한다. → **3장 상세 설명**

여섯째, 현장답사를 통해 집의 구조, 연식, 방과 화장실 등을 확인한다. 손품을 통해 인터넷에서 기본적인 정보들을 찾아 확인한 후에는 반드시 현장에 가서 아파트의 구조, 연식, 방과 화장실 등을 확인해야 한다. → **116쪽 상세 설명**

셰어하우스용 주택 현장답사 체크포인트

셰어하우스용 주택에 대한 검토가 끝나면 현장답사를 통해서 여러 가지 정보를 확인한다.

첫째. 현장답사를 하기 위해서는 미리 부동산 사이트를 통해 매물로 나와 있는 목록을 확인하고, 해당 공인중개사 사무실에 전화를 걸어서 반드시 시간을 예약하는 것이 좋다. 요즘은 미리 예약을 하지 않으면 집을 볼 수 없는 경우도 많고, 예약을 통해서 공인중개사 사장님이 사전에 준비를 하게 되기 때문이다.

둘째. 공인중개사 사무실에 방문할 때는 되도록 남자보다는 여자, 또는 남녀가 같이 가는 것이 좋다. 남자 혼자 가면 경매 때문에 온 것으로 알고 응대를 잘 안해 주는 경우가 많기 때문이다.

셋째, 아파트를 볼 때는 단지 내 편의시설, 구조, 주차장 현황, 매매 및 전월세 현황, 매매가 및 전월세가 등을 확인해야 한다. 가능하면 양해를 구하고 집의 내부 사진을 많이 찍는 것이 좋다. 집에 와서 사진을

정리해 놓으면 나중에 셰어하우스 세팅 시 큰 도움이 된다. → **194쪽 상세 설명**

넷째. 집 내부를 볼 때는 각 방마다 대략적인 크기와 확장 여부를 살펴보고 1인실, 2인실, 3인실 운영이 가능한지를 사전에 확인해야 한다. → **165쪽 상세 설명**

다섯째. 집의 노후화 정도를 보고 인테리어가 필요한 부분이 있는지, 인테리어 비용으로 얼마나 투입해야 하는지를 사전에 계산해 보아야 한다.

여섯째, 집은 되도록 매매, 월세 등으로 나와 있는 물건을 평형, 타입별로 많이 보고 비교하는 것이 좋다.

일곱째, 단지 주위의 편의시설, 대학교까지의 도보거리, 통학버스 정류장까지의 거리, 전철역 접근성 등도 확인한다.

여덟째, 셰어하우스와 경쟁이 되는 주변 원룸이나 오피스텔의 현황, 월세 시세, 공실 현황 등도 같이 파악한다.

아홉째, 만약 경매로 셰어하우스용 주택을 구하기 위해 입찰을 할 생각이라면 따로 관리사무소에 들러서 관리비 연체 현황 및 집주인 또는 세입자의 거주 여부도 확인한다.(관리비는 많게는 1,000만원까지 밀려 있는 경우도 있으므로 반드시 확인하기 바란다.)

경매는 복잡한 것처럼 보이지만 입찰 및 낙찰, 명도 과정을 거치는 것 외에는 일반매매와 크게 차이가 없다. 나는 경매를 통해 셰어하우스용 집을 낙찰받은 경우가 몇 번 있었다. 이 경우 월세 수익과 시세차익까지 기대할 수 있다.

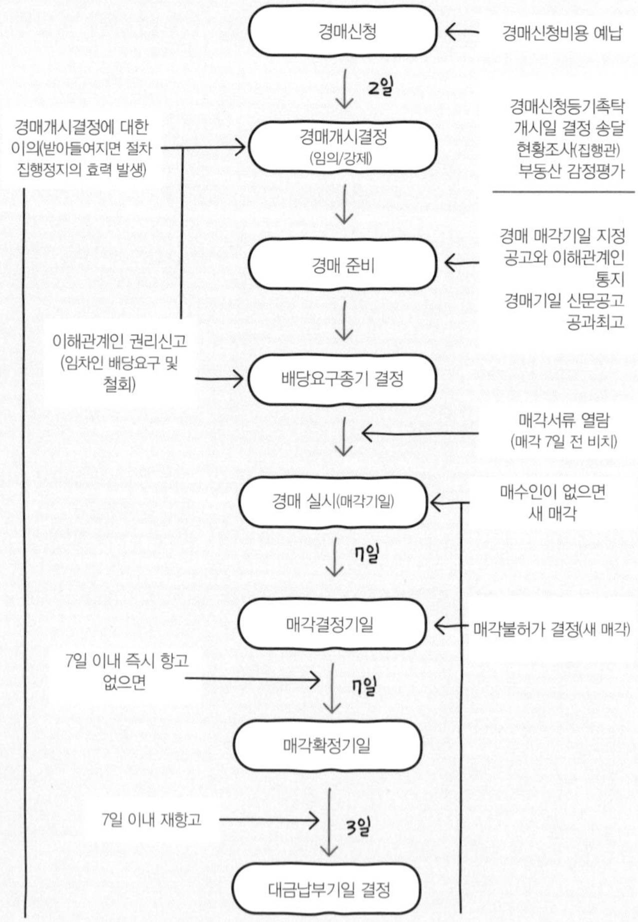

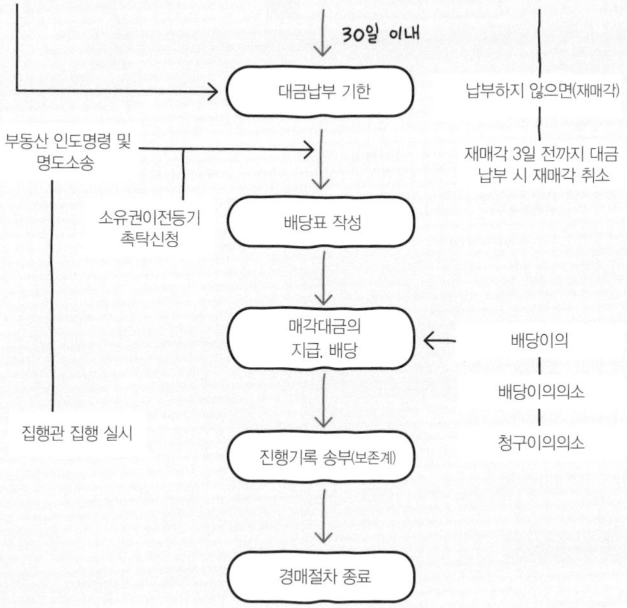

셰어하우스용 경매물건 고르기

셰어하우스를 운영할 동네를 선택하고 그 지역의 각종 정보를 정리했다면, 이제 경매 사이트에서 경매물건을 찾는 단계이다. 나는 지지옥션, 굿옥션, 탱크옥션 등의 유료 경매 사이트를 자주 이용한다.

경매 사이트에서 셰어하우스용 주택 검색하기

탱크옥션 사이트(www.tankauction.co.kr)를 이용해 경매물건을 검색해 보겠다(지지옥션, 굿옥션 등도 검색방법은 대동소이하다).

탱크옥션에 접속한 다음 상단 메뉴에서 '경매검색'을 누른 후 '종합검색'을 클릭한다. 그러면 종합검색 화면이 열리는데, 여기서 물건종류를 '아파트'로 선택하고 소재지에 주소를 입력한 후〈검색〉을 누른다. 여기서는 주소를 충남, 천안시 서북구라고 입력했다.

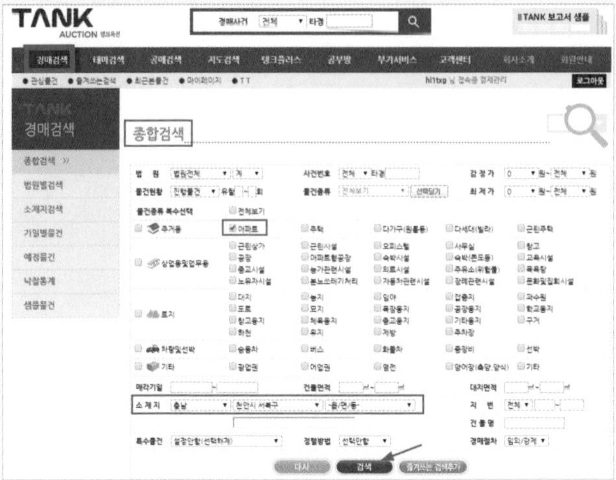

권리관계 확인하기

셰어하우스용으로 찾던 경매물건의 상세 페이지가 열린다. 다음은 2018년 초

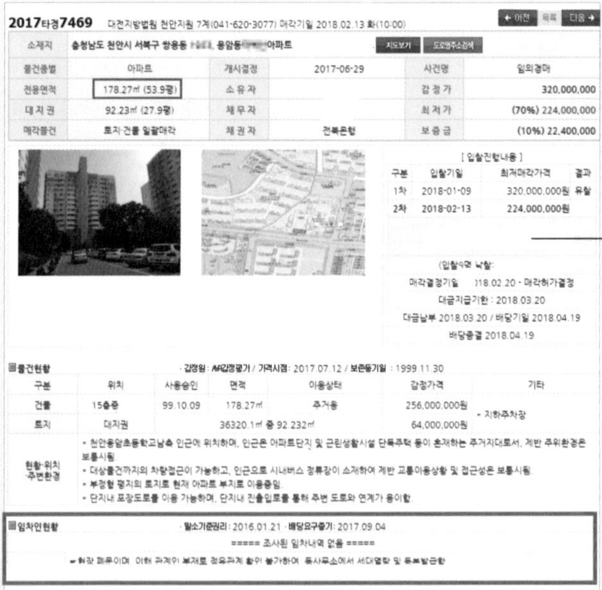
2017타경7469 대전지방법원 천안지원 7계(041-620-3077) 매각기일 2018.02.13 화(10:00)

소재지	충청남도 천안시 서북구 쌍용동 , 용암동 아파트				
물건종별	아파트	개시결정	2017-06-29	사건명	임의경매
전용면적	178.27㎡ (53.9평)	소유자		감정가	320,000,000
대지권	92.23㎡ (27.9평)	채무자		최저가	(70%) 224,000,000
매각물건	토지·건물 일괄매각	채권자	전북은행	보증금	(10%) 22,400,000

[입찰진행내용]

구분	입찰기일	최저매각가격	결과
1차	2018-01-09	320,000,000원	유찰
2차	2018-02-13	224,000,000원	

(입찰9명 낙찰:
매각결정기일)18.02.20 - 매각허가결정
대금지급기한 : 2018.03.20
대금납부 2018.03.20 / 배당기일 2018.04.19
배당종결 2018.04.19

물건현황 · 감정원 : AA감정평가 / 가격시점 : 2017.07.12 / 보존등기일 : 1999.11.30

구분	위치	사용승인	면적	이용상태	감정가격	기타
건물	15층중	99.10.09	178.27㎡	주거용	256,000,000원	- 지하주차장
토지	대지권		36320.1㎡ 중 92.232㎡		64,000,000원	
현황·위치·주변환경	· 천안용암초등학교남측 인근에 위치하며, 인근은 아파트단지 및 근린생활시설 단독주택 등이 혼재하는 주거지대로서, 제반 주위환경은 보통시됨. · 대상물건까지의 차량접근이 가능하고, 인근으로 시내버스 정류장이 소재하여 제반 교통이용상황 및 접근성은 보통시됨. · 부정형 평지의 토지로 현재 아파트 부지로 이용중임. · 단지내 포장도로를 이용 가능하며, 단지내 진출입로를 통해 주변 도로와 연계가 용이함.					

임차인현황 · 말소기준권리 : 2016.01.21 · 배당요구종기 : 2017.09.04

===== 조사된 임차내역 없음 =====

- 현장 폐문이며 이해 관계인 부재로 점유관계 확인 불가하여 동사무소에서 세대열람 및 등본발급함

전용 53.9평(분양 65평) 아파트로 방이 5개이고, 화장실이 2개로서 셰어하우스에 적합

2018년 초 셰어하우스용 주택을 찾던 당시에 경매에 나왔던 물건이다.

에 직접 검색했던 화면이다. 전용면적 53.9평 아파트로 방이 5개이고 화장실이 2개인데 1회 유찰되어 최저매각가격이 매우 싸게 나왔다.

이제 권리관계를 확인해야 한다. 주택(아파트)의 경우 임차인이 있는지, 임차인이 있으면 대항력이 있는지, 다른 선순위 권리가 있는지 확인한다. 임차인 내역에서 임차인의 전입일이 최우선순위 설정일보다 빠른지를 확인해야 한다.

매각물건명세서로 권리관계 확인하기

매각물건명세서의 '등기된 부동산에 관한 권리 또는 가처분으로 매각으로 그 효력이 소멸되지 아니하는 것' 란에 어떤 내용이 있는지 확인한다. 특별한 언급이 없으면 권리상 이상이 없다. 경매물건은 대부분 권리상 큰 문제가 없으나, 권리상 문제가 있는 경우도 있으니 주의해야 한다.

대전지방법원 천안지원

2017타경

매각물건명세서

사 건	2017타경7469 부동산임의경매	매각물건번호	1	작성일자	2017.12.04	담임법관(사법보좌관)	이 [illegible]
부동산 및 감정평가액 최저매각가격의 표시	별지기재와 같음	최선순위 설정	2016.01.21. 근저당			배당요구종기	2017.09.04

부동산의 점유자와 점유의 권원, 점유할 수 있는 기간, 차임 또는 보증금에 관한 관계인의 진술 및 임차인이 있는 경우 배당요구 여부와 그 일자, 전입신고일자 또는 사업자등록신청일자와 확정일자의 유무와 그 일자

점유자의 성 명	점유부분	정보출처 구 분	점유의 권 원	임대차기간 (점유기간)	보 증 금	차 임	전입신고일자,사업자등록 신청일자	확정일자	배당요구여부 (배당요구일자)
조사된 임차내역없음									

※ 최선순위 설정일자보다 대항요건을 먼저 갖춘 주택·상가건물 임차인의 임차보증금은 매수인에게 인수되는 경우가 발생 할 수 있고, 대항력과 우선변제권이 있는 주택·상가건물 임차인이 배당요구를 하였으나 보증금 전액에 관하여 배당을 받지 아니한 경우에는 배당받지 못한 잔액이 매수인에게 인수되게 됨을 주의하시기 바랍니다.

등기된 부동산에 관한 권리 또는 가처분으로 매각으로 그 효력이 소멸되지 아니하는 것

매각에 따라 설정된 것으로 보는 지상권의 개요

비고란

주1 : 매각목적물에서 제외되는 미등기건물 등이 있을 경우에는 그 취지를 명확히 기재한다.
2 : 매각으로 소멸되는 가등기담보권, 가압류, 전세권의 등기일자가 최선순위 저당권등기일자보다 빠른 경우에는 그 등기일자를 기재한다.

소유자가 거주하고 있는 물건으로 권리상 문제는 없었다.
경매가 어려운 분들은 일반매매로 사면 되니 너무 걱정할 필요는 없다.

나는 이 경매물건을 검토한 후 셰어하우스로 매우 적합하다는 결론을 내렸다.

현장답사를 한 후(62쪽 참조) 입찰일에 미리 입찰봉투와 기일입찰표를 작성하여 법원으로 가서 입찰을 했다. 이때 입찰보증금은 해당 일의 최저매각가격의 10%에 해당하는 금액을 수표로 제출하면 된다.

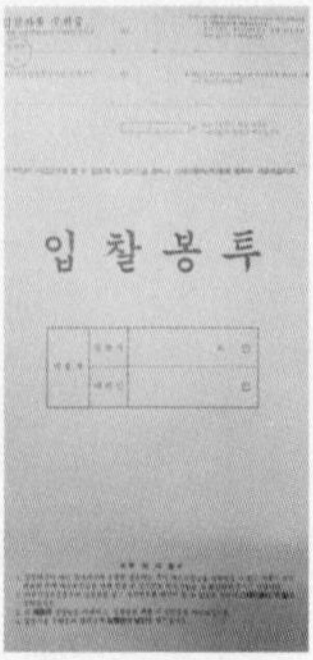

다행히 이 경매물건은 입찰자가 없어서 한 번 유찰된 경매물건이고 이번에도 입찰자가 거의 없어서 매우 싼 가격에 낙찰을 받을 수 있었다.

낙찰 후 명도 과정을 거치고 인테리어를 한 후에 셰어하우스로 오픈했으며, 월세 수익과 시세차익을 한꺼번에 누릴 수 있는 효자 부동산이 되었다.

03
월세로 셰어하우스 시작하기

셰어하우스는 주택을 전세 또는 월세로 빌린 후에 운영할 수도 있다. 하지만 전세로 얻어 시작하는 방법은 추천하지 않는다. 투자금이 너무 많이 들어가기 때문이다. 물론 전세자금 대출이 가능하다면 싼 이자를 활용하여 운영할 수 있겠지만 일반적인 방법은 아니다. 셰어하우스는 주로 월세로 주택을 얻어 운영하는 경우가 많다.

월세 셰어하우스, 수익률이 더 높다

월세를 얻어서 셰어하우스로 운영 중인 안서점의 수익률을 보자. 54평 아파트로 방이 4개이고 화장실이 2개이다. 안방 외에 다른 방 2개도 면적이 넓은 편이어서 2인실로 꾸밀 수 있는 게 매력이었다.

월세 보증금이 2,000만원으로 나왔는데, 집주인을 설득하여 보증금을 1,000만원으로 낮추어 초기 투자금을 줄였다. 이 아파트는 인테리어가 어느 정도 되어 있었기 때문에 가구와 가전제품 등만 구입하여 투자금을 최소로 맞추었다. 현재까지 투자금액은 1,130만원 정도에 불과하다.

대학생 대상 셰어하우스로 세팅하여 오픈했는데, 방학 2개월 정도

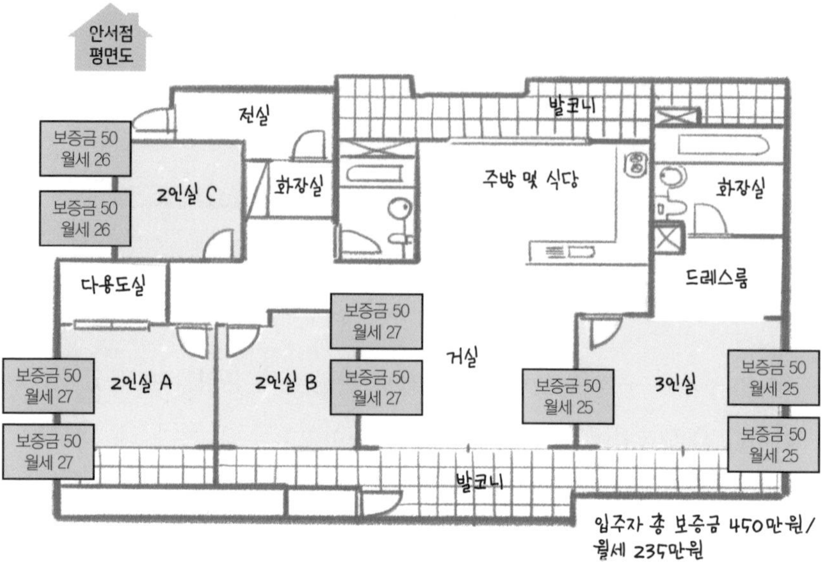

항목	금액
월세 보증금	10,000,000
중개수수료	300,000
인테리어 및 시설비	5,500,000
입주자 총 보증금	4,500,000
투자금액 합계	11,300,000
입주자 월세(만실 시)	2,350,000
집주인에게 줘야 할 임대 월세	850,000
총 월 수익	1,500,000
월 수익(방학 등 감안 80%로 계산)	1,200,000
연 수익	14,400,000
수익률	**127.43%**

1,130만원
투자로 일년에
1,440만원
월세 수익

를 고려해 10개월 월세로 계산해도 투자 수익률이 127%에 달한다. 투자금이 고작 1,130만원인데 일년에 1,440만원의 수입을 얻고 있으니 알토란 같은 셰어하우스라고 할 수 있다.

전대차 셰어하우스 운영의 장점

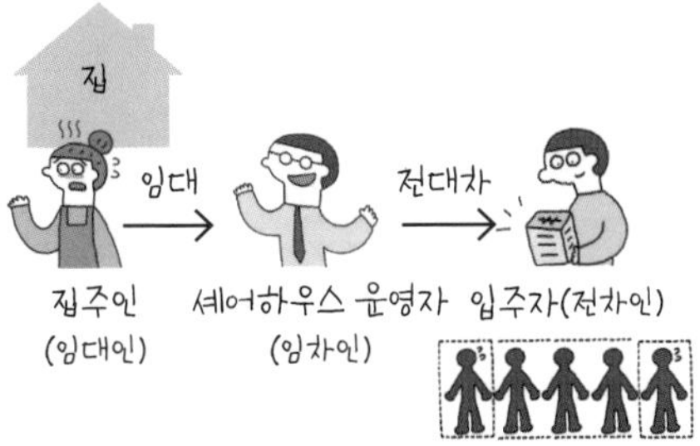

주택을 세를 얻어서 셰어하우스를 운영하려면 전대차를 해야 한다. 전대차란 내가 집주인에게서 임대를 한 후 다시 제3자에게 세를 주는 것을 말한다. 이 경우 집주인(임대인)과 나(임차인)의 임대관계는 여전히 존속하며, 나(임차인)와 다시 세를 들어온 입주자(전차인) 간에 새로 임차 관계가 발생한다.

전대차는 집주인인 임대인의 동의를 받아야 하며, 집주인의 동의 없이 전대를 하면 집주인은 임대차를 해지할 수 있다(민법 제629조). 임대차 계약이 종료한 때에는 임차인은 그 사유를 전차인에게 통지해야 하며, 통지가 있은 때로부터 일정한 유예기간이 경과해야 전대차 해지의 효력이 생긴다(민법 제638조).

첫째, 투자금액이 자가로 운영할 때보다 적다.

셰어하우스를 월세로 운영할 경우 적게는 보증금 1,000만원으로도 시작할 수 있기 때문에 초기 투자금이 매우 적다. 따라서 적은 돈으로 셰어하우스 지점을 여러 개 늘리기가 수월하다.

둘째, 인테리어 비용을 줄일 수 있다.

주택을 전월세로 얻게 되면 집주인에게 도배, 장판 등 기본적으로 수리가 필요한 부분들을 요구할 수 있다. 따라서 자가로 셰어하우스를 운영할 때보다 초기 인테리어 및 수리 비용이 적게 들어간다.

셋째, 수익률을 극대화할 수 있다.

부동산 투자의 수익률을 높이기 위해서는 투자비용을 줄이거나 수익금을 높여야 한다. 월세로 빌려 셰어하우스를 운영할 경우 보증금도 적고 인테리어 비용도 줄일 수 있으니 투자비용 대비 수익률을 높일 수 있다.

전대차 셰어하우스의 단점

전대차 셰어하우스가 앞에서 소개한 장점만 있는 것은 아니다.

첫째, 방을 추가하거나 구조 변경을 하기 어렵다.

셰어하우스의 수익률을 높이기 위해서는 방의 개수가 중요하다. 자가의 경우 거실에 방을 추가로 만들거나 큰 방을 둘로 쪼개 1인실의 개수를 늘리기도 한다. 하지만 전대차 셰어하우스는 내 집이 아니므로 원상복구 의무 등으로 인해 원하는 대로 구조를 변경할 수가 없다.

둘째, 임대계약 기간이 걸림돌이 될 수 있다.

셰어하우스를 월세로 빌려 운영할 때 일반적인 주택 임대계약 기간이 2년이므로 처음부터 4~5년으로 계약할 수 없는 경우가 있다. 셰어하우스를 하다가 수익률이 좋고 운영이 잘되면 임대계약을 연장해야 하는데, 2년 후에 집주인이 연장을 안해 주는 경우가 가끔 있다. 주위에 이런 문제로 잘 운영하던 셰어하우스를 그만두는 경우가 있다.

셋째, 입주자의 전입신고가 까다롭다.

장기로 이용하는 입주자의 경우 우편물 수령 등의 이유로 전입신고를 하고 싶어하는 경우가 있다. 전입신고를 하기 위해서는 집주인의 허락을 받아야 하는데 쉽게 허락을 해 주지 않는 경우가 있다.

04 월세 셰어하우스 주택 선택 및 계약 체크포인트

전대차 셰어하우스 구할 때 주의할 점

월세로 나와 있는 아파트나 빌라 등을 검색하고 공인중개사와 사전 예약을 할 때, 전화로 먼저 셰어하우스를 할 예정이라거나 전대차가 가능하냐고 묻는 것은 좋은 방법이 아니다. 전화로 이런 얘기를 하면 대부분 거절하기 때문이다.

요즘 셰어하우스가 늘어나고 있지만, 아직까지는 여러 명이서 한 집에 산다고 하면 회사용 숙소 등을 떠올리고 소음문제뿐만 아니라 집이 금방 망가진다는 생각을 가지고 있기 때문에 집주인이 대부분 꺼린다. 따라서 집들을 다 보고 난 후에 마음에 드는 집이 있다면, 공인중개사 사무실의 사장님이나 실장님에게 설명을 잘해야 한다. 이 부분 때문에 월세로 셰어하우스용 집을 얻는 것이 어쩌면 가장 힘든 일 중에 하나이다.

그냥 전대차 이야기를 하지 않고 운영하는 곳들도 있는데, 나중에 문제가 될 수 있으므로 전대차 부분을 해결하고 시작하는 것이 좋다.

공인중개사 사무실의 사장님이나 실장님을 한번 잘 알아 놓으면 그 이후부터는 새로 셰어하우스를 얻는 데 큰 도움이 되기 때문에 내 편으로 만드는 것이 굉장히 중요하다. 마음에 드는 셰어하우스를 구하면 바로 전월세 계약을 하면 된다.

전대차 셰어하우스 계약 시 체크할 점

지방의 경우는 월세 보증금이 1,000~2,000만원 정도면 되지만, 서울 및 수도권의 경우 많게는 5,000만원에서 1억원까지 내야 하는 경우가 있다. 소중한 내 보증금을 아무 문제 없이 지키기 위해서는 다음 사항들을 꼭 확인해야 한다. 일반 전월세를 얻을 때에도 동일하게 봐야 하는 부분이므로 상식으로 알아놓으면 좋다.

등기부등본상의 집주인인지 확인한다

집을 보고 계약할 때는 반드시 등기부등본상의 집주인과 계약하고 계약금을 입금해야 한다. 간혹 집주인 대신 공인중개사나 가족과 계약하는 경우가 있는데, 집주인의 인감도장이 날인된 위임장, 인감증명서를 확인해야 하며, 계좌의 이름이 집주인의 이름과 맞는지 확인해야 문제가 생기지 않는다.

특약에 전대차 문구 넣기

전월세 계약서의 특약사항에는 "임대인은 임차인이 전대차 계약을 하는 것을 허락한다"는 문구를 넣는 것이 좋다.

임대차 기간은 2020년10월28일(24개월) 까지로 한다.
제3조 [용도변경 및 전대 등] 임차인은 임대인의 동의없이 위 부동산의 용도나 구조를 변경하거나 전대 임차권 양도 또는 담보제공을 하지 못하며 임대차 목적 이외의 용도로 사용할 수 없다.
제4조 [계약의 해지] 임차인의 차임연체액이 3기의 차임액에 달하거나 제3조를 위반하였을 때 임대인은 즉시 본 계약을 해지 할 수 있다.
제5조 [계약의 종료] 임대차계약이 종료된 경우 임차인은 위 부동산을 원상으로 회복하여 임대인에게 반환한다. 이러한 경우 임대인은 보증금을 임차인에게 반환하고, 연체임대료 또는 손해배상금액이 있을 때는 이들을 제하고 그 잔액을 반환한다.
제6조 [계약의 해제] 임차인이 임대인에게 중도금(중도금이 없을때는 잔금)을 지불하기 전까지, 임대인은 계약금의 배액을 상환 하고, 임차인은 계약금을 포기하고 이 계약을 해제할 수 있다.
제7조 [채무불이행과 손해배상의 예정] 임대인 또는 임차인이 본 계약상의 내용에 대하여 불이행이 있을경우 그 상대방은 불이행 한 자에 대하여 서면으로 최고하고 계약을 해제 할 수 있다. 이 경우 계약 당사자는 계약해제에 따른 손해배상을 각각 상대방에게 청구할 수 있으며, 손해배상에 대하여 별도의 약정이 없는 한 계약금을 손해배상의 기준으로 본다.
제8조 [중개보수] 개업공인중개사는 임대인과 임차인이 본 계약을 불이행 함으로 인한 책임을 지지 않는다. 또한 중개보수는 본 계약체결과 동시에 계약 당사자 쌍방이 각각 지불하며, 개업공인중개사의 고의나 과실없이 본 계약이 무효,취소 또는 해제 되어도중개보수는 지급한다.공동중개인 경우에 임대인과 임차인은 자신이 중개 의뢰한 개업공인중개사에게 각각 중개보수를 지급한다.
제9조 [중개대상물확인설명서교부 등] 개업공인중개사는 중개대상물확인설명서를 작성하고 업무보증관계증서(공제증서 등) 사본을 첨부하여 계약체결과 동시에 거래당사자 쌍방에게 교부한다.

[특약사항]
1.현 시설물 상태에서의 임대차이며,임차인은 중개대상물을 확인하였음.
2.임대인은 계약일이후 잔금일까지 임차인에게 불리한 권리설정은 추가로 하지 아니한다.
3.임차인은 계약기간 만료후 파손된 부분에 대해서는 원상복구한다.
4.임대인은 임차인이 전대차계약하는것을 허락한다. 단, 전대차한 임차인에 대하여 임대인이 임차인 보호의무는 없다.
4.기타사항은 민법 임대차보호법 및 부동산임대차 계약 일반 관례에 따르기로 한다.
5.계약금 잔금.월세 입금계좌:

6.도배비 ₩1.400.000원은 보증금에서 공제하고 입금하도록한다.

권리관계 확인하기

등기부등본의 을구에서 압류나 가압류 등 권리상 하자가 없는지 확인한다. 또한 근저당 여부와 근저당금액을 확인한다. 근저당금액과 내 보증금의 합계가 집값의 80%를 넘어가면 위험할 수 있다.

【 을 구 】 (소유권 이외의 권리에 관한 사항)				
위번호	등 기 목 적	접 수	등 기 원 인	권리자 및 기타사항
9	근저당권설정	2017년11월1일 제106281호	2017년11월1일 설정계약	채권최고액 금200,200,000원 채무자 장[redacted] 근저당권자 선영새마을금고 161[redacted]-0001[redacted] 충청남도

전입신고 및 확정일자 받기

전월세 보증금을 법적으로 보호받기 위해서는 전월세 계약서와 신분증을 가지고 주민센터에 가서 전입신고를 하고 확정일자를 받아야 한다. 그래야 대항력이 생겨 경매로 넘어가거나 집주인이 바뀌어도 보증금을 돌려받을 수 있다.

전월세 대항력 및 우선변제권, 최우선변제권

구분	개념	요건	효과
대항력	집주인이 바뀌어도 임차기간 및 보증금을 반환받을 때까지 계속 살 수 있는 권리	① 주택의 인도 ② 주민등록 전입 → 다음날 0시 이후 효력	보증금 전액에 대해 소유자 · 양수인 · 경락인에게 대항
우선변제권	후순위 권리자보다 우선해 보증금을 변제받을 수 있는 권리	① 주택의 입주 ② 주민등록 전입 ③ 계약서상 확정일자	보증금 전액을 순위에 의해 우선변제
최우선 변제권	선순위 권리자보다 우선해 소액 보증금을 변제받을 수 있는 권리	경매개시기입등기 전에 ① 주택의 입주 ② 주민등록 전입 (보증금 소액)	보증금 중 일정액을 최우선 변제

계약기간에 유의하기

주택 임대는 일반적으로 2년으로 계약한다. 하지만 입지가 좋은 곳에서 안정적으로 셰어하우스를 운영하기 위해서는 2년도 짧은 기간이다. 그래서 초기 계약 시 계약기간을 2년으로 할지, 아니면 4~5년으로 할지 잘 생각해 보고 결정해야 한다.

만약 2년으로 계약한 후에 인테리어까지 손을 봤는데, 계약기간이 끝난 후 집주인이 집을 비워달라고 하면 나가야 한다. 반대로 초기에 계약기간을 4~5년으로 길게 잡았는데, 셰어하우스가 생각만큼 수익이 나지 않거나 입주자 모집이 되지 않는 경우도 있으니 신중히 결정하는 것이 좋다.

05
셰어하우스의 수익률 높이는 방법

셰어하우스의 수익은 입주자들에게 받는 월세이다. 수익률을 높이는 몇 가지 방법을 알아보자.

전대차는 월세 낮고 방이 많아야 좋다

같은 지역이라도 주택의 연식에 따라서 보증금과 월세는 천차만별이다. 신축주택이 깨끗하고 좋지만, 월세가 비싸고 방 크기가 작아서 수익률이 그리 좋지 않은 경우가 많다. 오히려 수익률 측면에서는 5~10년차 주택이 가장 좋다. 평형이 같고 보증금과 월세가 같더라도 방이 크고 개수가 많은 쪽이 수익이 더 크다는 것을 명심하자.

입주자 정원과 월세의 균형이 중요하다

셰어하우스는 입주자가 많고 그들에게 받는 월세가 높으면 매출과 수익률이 올라간다. 하지만 월세가 너무 높으면 입주자를 구하기 힘들고, 정원이 너무 많으면 화장실 이용 등에서 불편함을 느끼기 때문에 오랜 기간 살지 않는다. 이런 부분들을 고려해서 월세와 정원을 정하는 것이 중요하다.

현재 우리가 운영하는 셰어하우스는 34평 아파트의 경우 정원 6명, 45평 아파트는 정원 7명, 50~60평대 아파트는 정원 8~9명으로 운영한다. 그런데 직장인 대상이냐, 대학생 대상 셰어하우스냐에 따라서 좀 다르다.

직장인 대상 셰어하우스의 경우, 직장인들은 주로 1인실을 선호하고 아침에 출근시간이 일정하기 때문에 정원이 너무 많으면 입주자들이 잘 모이지 않는다. 반면 대학생 대상 셰어하우스의 경우, 대학생들은 월세가 낮은 것을 선호하며 수업시간도 각각 다르기 때문에 정원이 좀 많아도 불편함을 크게 느끼지 않는다는 점을 기억하기 바란다.

입주자 모집기간은 짧을수록 좋다

아무리 정원이 많고 월세를 높게 정해도 초기 입주자가 잘 모집되지 않으면 소용이 없다. 정원을 채우는 데 시간이 오래 걸리거나 공실기간이 길어지면 그만큼 수입이 떨어진다. 보통 셰어하우스를 오픈한 후 초기 입주자가 모두 찰 때까지 2개월 정도가 걸리며, 일부 호실에서 공실이 발생하는 경우가 있으므로 수익률을 계산할 때는 이 부분을 감안해야 한다.

또한 셰어하우스도 성수기와 비수기가 있으므로 오픈 시기를 잘 맞추어야 입주자 모집기간과 공실을 줄이는 데 효과적이다. 대학생 셰어하우스는 1~2월, 7~8월에 오픈해야 하며 그 이후는 모집이 힘들다. 직장인 셰어하우스는 7~8월과 11~12월이 비수기이다. 우리는 만실 기준으로 일년에 20%는 빼고 예상 수익과 수익률을 계산한다.

06

셰어하우스의 수익분석 및 목표 설정하기

셰어하우스를 운영할 때는 투자금액이 얼마나 되는지, 월세는 얼마를 받는 것이 좋은지, 정원은 몇 명으로 해야 하는지 등 고려할 부분이 많다. 따라서 투자금액과 수익금액에 대한 기준을 가져야 한다. 그래야 현재 가진 돈으로 몇 개의 셰어하우스를 운영할 수 있는지, 얼마의 수익을 얻을 수 있는지, 계획과 목표를 세울 수 있다. 명확한 기준이 없을 경우 수익이 생각했던 만큼 안 나오면 금방 그만둘 수도 있기 때문이다.

셰어하우스에는 투자금액이 얼마나 들까?

셰어하우스 운영을 위한 투자금액은 크게 3가지로 나눌 수 있다.

첫째, 셰어하우스를 마련할 전월세 보증금, 또는 자가로 운영할 경우는 대출 등을 제외한 주택 구입비용이다. 셰어하우스에 들어가는 투자금액 중 가장 큰 비중을 차지한다.

둘째, 인테리어 및 시설 비용이다. 도배, 장판, 욕실 리모델링, 주방 씽크대 리모델링, LED 전등 교체 비용 등을 말한다.

셋째, 가구, 가전제품, 소품 등의 구매비용이다.

자가 셰어하우스의 투자금액

현재 우리는 2개 지점을 자가로 운영하고 있다. 경매로 구입해 운영하는 지점을 기준으로 투자금액을 정리해 보면 다음과 같다.

투자금액은 취득비용이 4,000만원, 인테리어 및 시설 비용이 410만원, 가구·가전제품 및 소품 등의 구입비가 550만원으로 총 4,900만원 정도가 들어갔다. 이는 셰어하우스 투자금으로서는 규모가 비교적 큰 편이다. 하지만 경매로 싸게 낙찰을 받았기 때문에, 설혹 아파트 가격이 안 오른다고 해도 월세 수익 외에 최소 4,000~5,000만원의 시세차익이 예상된다.

경매로 취득한 셰어하우스의 투자금액

구분	항목	금액	합계
취득비용	감정가	261,000,000	39,328,994
	낙찰가	181,654,000	
	대출금액	145,323,200	
	취득세	1,998,194	
	법무비용	1,000,000	
인테리어 및 시설 비용	도배비	1,500,000	4,100,000
	화장실 기물 교체비	300,000	
	마루 수리비	400,000	
	1인실 3개 신설	1,900,000	
세팅 비용	가구, 가전제품, 소품	5,500,000	5,500,000
투자금액			48,928,994

전대차 셰어하우스의 투자금액

월세로 얻은 셰어하우스는 자가에 비해서 투자금액이 굉장히 적다. 월세의 경우 관건은 '수리가 얼마나 잘된 집을 얻느냐'이다.

다음은 월세로 얻어 운영하고 있는 셰어하우스이다. 15년 정도 된 아파트이지만, 기본적인 수리와 인테리어가 되어 있어서 실리콘 작업 및 LED 전등 교체 등만 해서 초기 투자금액을 줄였다.

투자금액은 월세 보증금이 1,000만원, 중개수수료가 30만원, 인테리어 및 시설 비용, 가구·가전제품 비용 등이 600만원으로 총 1,630만원이 들어갔다. 여기서 월세 보증금 1,000만원은 나중에 운영이 끝나면 돌려받는 돈이다. 게다가 입주자들에게 보증금을 받기 때문에 실제 투자금액은 이보다 더 적어진다.

단, 집을 빌리는 월세 보증금은 서울 및 수도권은 2,000~3,000만원까지도 감안해야 한다. 또한 기본적인 인테리어 비용을 추가해야 하는 경우가 있으므로 500만원 정도를 감안하는 것이 좋다. 이처럼 투자금액을 대략 예상하고, 내가 가진 투자금으로 셰어하우스를 몇 개 운영

월세 셰어하우스의 투자금액

항목	금액
월세 보증금	10,000,000
중개수수료	300,000
인테리어 및 시설 비용	500,000
가구, 가전제품 등	5,500,000
투자금액	**16,300,000**

이중에서 보증금 1,000만원은 나중에 돌려받는 돈

할 수 있는지 사전에 따져봐야 한다.

얼마의 수익을 얻을 수 있을까?

"셰어하우스를 운영하면 얼마의 수익을 얻을 수 있을까?" 몇 개를 운영하면 월급만큼 벌 수 있을까? 모든 사람들이 가장 궁금해 하는 부분이다.

처음 셰어하우스 1호점을 운영하면서 수익금을 대략 100만원 정도로 정했다. 이후에 신규로 개설하는 지점의 경우 100만원을 기준으로 집을 얻을 때부터 대략적인 투자금액, 정원을 정해놓고 오픈하고 있다.(물론 실제 수익은 이보다 높다. 100만원은 보수적으로 잡은 마지노선이다.)

자가로 운영할 때와 월세로 운영할 때, 투자금액과 수익률은 굉장히 많이 차이가 났다. 우리는 지점 한 개를 운영할 때 얻을 수 있는 수익금을 중요시했다. 운영수익이 떨어진다면 지점을 늘리거나 계속 운영하지 못했을 것이다.

사실 자가의 경우 투자금액이 큰 편인데, 경매로 싸게 낙찰받아 단순히 월세 수익만이 아니라 매도 시 양도차익까지 노릴 수 있기 때문에 수익률이 좀 떨어지더라도 매력이 있다.

정원과 입주자들로부터 받는 월세가 어느 정도 정해져 있기 때문에 너무 욕심을 부리는 것보다 적당한 수익금을 정하는 것이 좋다. 한 지

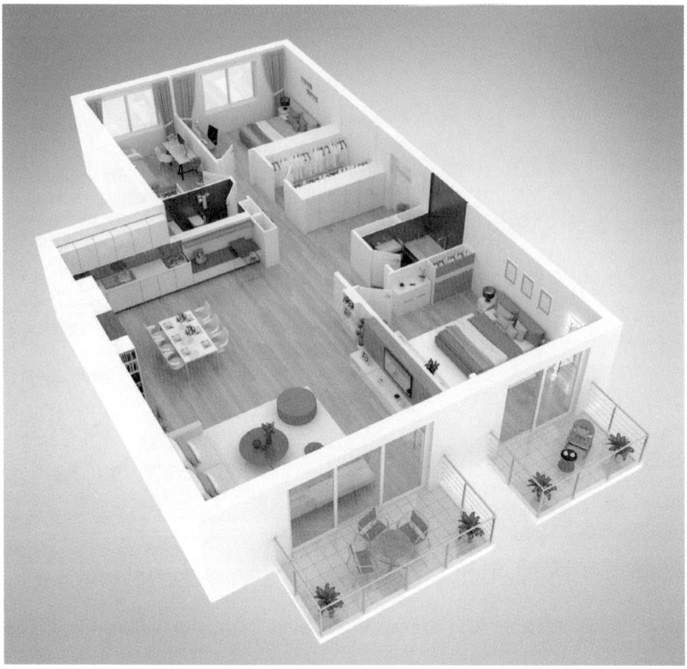

점당 최소 100만원의 수익금이 나온다면, 우리는 두 명이 공동으로 운영하므로 10개 정도 운영한다면 셰어하우스 운영만으로 한 사람당 매월 500만원이 넘는 월세가 들어오게 된다. 이 정도면 전업투자도 가능하다. 여러분들도 셰어하우스 운영을 시작하기 전에 투자금액을 얼마로 할지, 몇 개 지점을 운영해서 한 달에 얼마의 수익을 목표로 할지 계획을 가지고 시작하기 바란다.

셰어하우스의 수익률은 어느 정도일까?

나는 셰어하우스의 수익률 표를 엑셀로 작성하고 있다. 전체 비용과 수익금을 각각 기록하고 매출에서 투자금액 및 비용을 빼면 된다.

자가 셰어하우스의 수익률(경매로 매입)

구분	항목	금액
투자금액	감정가	261,000,000
	낙찰가	181,654,000
	대출금액	145,323,200
	취득세	1,998,194
	법무비	1,000,000
	인테리어 및 시설비	9,600,000
	투자금액	44,928,994
입주자 보증금	1인실 A	500,000
	1인실 B	500,000
	1인실 C	500,000
	1인실 D	500,000
	2인실 A	1,000,000
	2인실 B	1,000,000
	입주자 보증금 합계	4,000,000
수익금액	1인실 A	350,000
	1인실 B	310,000
	1인실 C	290,000
	1인실 D	300,000
	2인실 A	560,000
	2인실 B	560,000
	입주자 월세 합계 (만실 시 월세의 80%)	1,872,000 (총 월세 2,370,000원의 80%)
이자비용	월 이자	460,190
수익금	월 수익	1,411,810
	연 수익	16,941,718
수익률		37.71%

셰어하우스를 운영하기 위해서는 투자금액의 회수기간도 중요하지만, 자가의 경우는 나중에 팔 수 있으므로 일단 투자금액 회수기간에 대해서는 따지지 않았다.

월세로 운영하는 셰어하우스는 월 수익과 연 수익도 중요하지만, 투자금액 회수기간(손익분기점)도 굉장히 중요하다. 내 집이 아니므로 나중에 양도차익 등의 부수입이 없기 때문이다. 투자금액 회수기간을 계산할 때는 월세 보증금은 나중에 돌려받는 돈이므로 빼고, '중개수수료 + 인테리어 및 시설 비용 + 가구·가전제품 등 필요물품 구입비의 합'으로 계산했다.

다음의 표에서 보증금을 제외한 투자금액은 630만원이며 월 수익이 110만원이므로, 투자금액 회수기간은 6개월 정도이며 그 이후부터는 순수하게 수입으로 잡을 수 있다. 손익분기점이 중요한 이유는 셰어하우스의 운영기간이 최악의 경우 2년밖에 안 되는데 손익분기점이 2년이 된다면 힘만 들고 실제 운영수익은 없기 때문이다. 우리가 운영하는 셰어하우스는 보통 손익분기점을 6개월 정도로 정하며, 아무리 늦어지더라도 12개월이 넘으면 리스크가 크다고 판단한다.

월세 셰어하우스의 수익률

구분	항목	금액
투자금액	월세 보증금	10,000,000
	중개수수료	300,000
	인테리어 및 시설비	6,000,000
	투자금액	16,300,000
입주자 보증금	2인실 A	1,000,000
	2인실 B	1,000,000
	2인실 C	1,000,000
	3인실	1,500,000
	입주자 보증금 합계	4,500,000
수익금액	2인실 A	540,000
	2인실 B	560,000
	2인실 C	560,000
	3인실	780,000
	입주자 월세 합계 (만실 시 월세의 80%)	1,952,000 (총 월세 2,440,000원의 80%)
임대 비용	주택 임대 월세	850,000
수익금	월 수익	1,102,000
	연 수익	13,224,000
수익률		112.07%

보증금 제외한 투자금액 630만원

월세 투자도 역시 입지다. 월세 수익률을 높이는 최고의 입지와 주택을 찾는 노하우, 입지 고수인 저자들이 실제 투자경험을 통해 시원하게 공개한다.

3

Part

셰어하우스도 입지다

01

셰어하우스 입지의 2가지 원칙

셰어하우스 운영에서 가장 중요한 것 중의 하나가 입지이다. 셰어하우스의 입지는 우리가 흔히 아는 주택의 입지와는 차이가 있다. 일반 주택의 입지는 교통·학군·상권·자연환경이 중요하다. 하지만 셰어하우스는 주로 미혼 직장인 또는 대학생들이 입주하기 때문에 이들이 많이 살고 살기 편한 지역으로 정하는 것이 가장 중요하다.

미혼 직장인이 많이 사는 지역

서울이나 수도권의 셰어하우스 입주자는 직장인이나 대학생들이 많다. 혼자 사는 경우 원룸이나 오피스텔을 이용하는 사람들이 많지만, 서울의 웬만한 원룸, 오피스텔은 월세가 보통 50~70만원이며 관리비도 5~10만원 이상이기 때문에 부담이 크다. 이에 비해 셰어하우스는 서울의 경우 1인실 35~45만원, 2인실 30~35만원 수준으로 저렴하기 때문에 월세에 부담을 느끼는 사람들이 많이 입주하는 편이다. 또한 단기계약이 가능하기 때문에 서울로 2~3개월 단기 일자리를 구한 사람들도 이용한다.

지방의 경우 원룸과 오피스텔 월세가 30~40만원대로 비교적 저렴하기 때문에 직장인 수요가 많지 않다. 지방의 직장인 대상 셰어하우스는 주변 원룸, 오피스텔의 월세가 저렴한 경우는 피해야 한다. 지방도 큰 병원이나 쇼핑몰 등이 있는 지역은 여성 직장인 대상 셰어하우스가 수요가 있는 곳도 있다.

대학생이 많이 있는 지역

우리가 운영하는 셰어하우스는 대부분 대학생 대상이다. 경제적 여유가 별로 없는 대학생들은 부모님의 부담을 고려해 일반 원룸, 오피스텔보다 셰어하우스를 선호한다. 집에서 통학이 힘든 학생들이 주로 이용하기 때문에, 주변 대학교의 기숙사 수용 인원과 통학이 힘든 학생 수를 반드시 살펴보아야 한다.

여대생의 경우 셰어하우스를 둘러보러 올 때 대부분 부모님과 함께 방문한다. 부모님과 이야기를 해보면, 특히 신입생의 경우는 원룸, 오피스텔에서 혼자 생활하게 하는 것보다 셰어하우스에서 공동으로 생활하게 하는 것을 선호한다.

원룸이나 오피스텔은 옆집에 누가 사는지도 모르고 보안문제도 있으며 친구들의 방문이 가능하기 때문에 부모님들이 불안해한다. 반면 셰어하우스는 주로 아파트이고 보안이 잘되어 있으며 공동의 규칙이 있기 때문에 안심할 수가 있는 것이다. 지금부터 셰어하우스에 적합한 입지를 어떻게 찾을 수 있는지 살펴보자.

02

직장인 셰어하우스 입지 선택법

일자리 많은 지역 체크하기

'직장인들이 많이 살고 있는 지역은 어디일까'에 대한 대답은 국가 통계 자료를 보면 알 수 있다. 2018년 말 통계청에서 발표한 자료를 보면 수도권(서울, 인천, 경기도)이 전국 일자리의 51.3%를 차지하고 있다. 또한 서울이 수도권 전체의 43%를 차지한다.

전국 시도의 사업체 및 종사자

출처: 통계청

시도	사업체	증감률	비중	종사자	증감률	비중
전국	4,020,477	1.8	100.0	21,591,398	1.6	100.0
수도권	1,897,996	1.6	47.2	11,076,782	1.7	51.3
비수도권	2,122,481	1.9	52.8	10,514,616	1.4	48.7
서울	822,979	0.3	20.5	5,107,884	0.6	23.7
부산	286,632	1.1	7.1	1,424,650	1.1	6.6
대구	209,405	2.0	5.2	942,891	1.5	4.4
인천	196,734	2.7	4.9	1,032,754	2.8	4.8
광주	118,459	2.1	2.9	599,891	2.5	2.8
대전	115,452	2.0	2.9	605,755	1.5	2.9
울산	83,886	1.1	2.1	528,955	1	2.4

세종	13,671	15.3	0.3	99,551	9.8	0.5
경기	878,283	2.6	21.8	4,936,144	2.8	22.9
강원	140,071	2.7	3.5	614,742	3.0	2.8
충북	126,229	1.1	3.1	680,957	2.0	3.2
충남	166,272	2.9	4.1	898,247	2.1	4.2
전북	148,321	0.6	3.7	677,262	0.2	3.1
전남	153,308	2.4	(3.8	709,121	2.1	3.3
경북	226,109	1.6	5.6	1,091,591	0.5	5.1
경남	274,585	2.1	6.8	1,378,877	–	6.4
제주	60,081	4.0	1.5	262,126	1.5	1.2

서울의 일자리는 어느 곳에 얼마나 많을까? 1위는 강남구로 679,047명이고, 2위 서초구 436,763명, 3위 중구 386,648명, 4위 영등포구 362,800명, 5위 송파구 329,447명 순이다. 이렇게 일자리가 많은 지역에 그만큼 수요가 많을 것이다.

요즘은 삶의 여유를 중요시하고 퇴근 후 나만의 시간, 가족과 함께하는 시간을 원하는 사람들이 늘고 있다. 따라서 일반 주택도 대체로 일자리가 많은 지역이 다른 지역에 비해 비싸다.

서울시의 사업체 및 종사자

출처 : 통계청

순위	구분	사업체	종사자	순위	구분	사업체	종사자
1	강남구	72,511	679,047	14	용산구	20,806	133,260
2	서초구	46,207	436,763	15	광진구	24,688	125,170
3	중구	62,936	386,648	16	양천구	26,077	119,943
4	영등포구	43,163	362,800	17	노원구	26,516	117,859
5	송파구	46,676	329,447	18	관악구	26,374	115,390
6	종로구	40,490	268,702	19	서대문구	19,852	111,117

7	마포구	36,325	247,999	20	동작구	19,966	110,422
8	강서구	36,556	234,394	21	성북구	24,039	108,991
9	금천구	31,750	228,000	22	중랑구	28,045	102,758
10	구로구	38,405	213,468	23	은평구	24,561	88,818
11	성동구	27,278	167,308	24	강북구	18,928	71,752
12	강동구	29,952	146,512	25	도봉구	18,351	70,503
13	동대문구	32,411	142,842	합계		822,863	5,119,913

서울에서 강남 4구의 집값이 가장 비싼 이유 중 하나도 일자리가 가장 많고 이에 따라 교통, 편의시설 등이 다른 곳에 비해 발달해 있기 때문이다.

셰어하우스도 일자리가 많은 곳의 수요가 그만큼 많다. 그런데 이런 지역은 일반적으로 상업지구와 오피스 지역인 경우가 많다. 근처 배후 주거지는 다른 지역에 비해서 너무 비싸기 때문에 셰어하우스용 주택을 구하기도 그만큼 어려울 수 있다.

일자리로 출퇴근이 쉬운 지역

일차적으로는 일자리가 많은 지역을 1순위로 고르되, 보증금과 월세가 부담스럽고 좋은 집을 구하기 힘들다면 2순위로 출근이 용이한 지역을 고려해 보는 것이 좋다. 즉, 버스 또는 지하철을 이용하여 일자리가 많은 곳으로 짧은 시간에 쉽게 이동할 수 있는 지역 또한 셰어하우스를 운영하기 좋은 입지라고 할 수 있다.

서울의 경우 출퇴근을 위해서 가장 많이 이용하는 지하철 노선이 2호선이다. 그다음은 1호선과 4호선이다. 여기에 최근 황금노선으로 불리는, 일자리가 가장 많은 강남으로 30분에서 1시간 이내에 연결될 수 있는 3호선, 7호선, 9호선도 주목할 만하다. 실제로 직장인 셰어하우스는 이런 노선들이 연결되어 있는 지하철역 인근에 많다.

서울시 지하철 노선별 승하차 인원

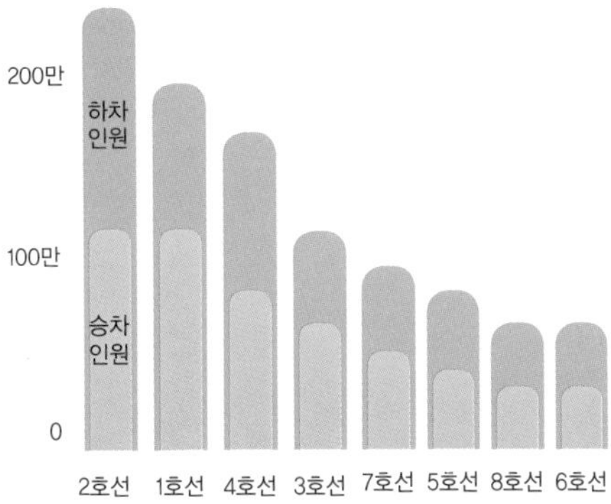

1인가구 많이 사는 곳

셰어하우스를 이용하는 대상은 주로 20, 30대의 1인가구가 많다. 서울시에서 20, 30대 1인가구가 3만 명 이상인 구를 살펴보면, 1위 관악구, 2위 강남구, 3위 마포구, 4위 강서구, 5위 동작구이다.

서울시 20, 30대 1인가구 많은 곳

출처: 서울시

순위	구분	20~24세	25~29세	30~34세	35~39세	합계
1	관악구	12,502	27,300	18,199	10,463	68,464
2	강남구	3,277	9,692	11,378	8,980	33,327
3	마포구	5,804	10,359	8,698	6,091	30,952
4	강서구	3,471	10,220	9,894	7,363	30,948
5	동작구	6,972	10,905	7,832	4,834	30,543
6	광진구	6,280	10,335	7,976	5,421	30,012
7	송파구	2,361	8,026	9,402	7,439	27,228
8	동대문구	8,993	8,769	5,316	3,811	26,889
9	성북구	9,815	8,330	4,976	3,660	26,781

10	영등포구	2,776	8,938	8,088	5,050	24,852
11	서대문구	7,678	7,745	4,468	3,149	23,040
12	서초구	2,426	5,925	6,375	5,005	19,731
13	성동구	4,467	6,284	4,603	3,560	18,914
14	구로구	2,113	5,707	5,515	4,323	17,658
15	은평구	1,970	4,804	5,137	4,421	16,332
16	노원구	5,505	4,102	3,274	3,137	16,018
17	용산구	2,658	4,614	4,620	3,503	15,395
18	중랑구	1,909	4,294	4,657	4,191	15,051
19	강동구	1,514	4,460	4,878	4,180	15,032
20	금천구	1,367	4,316	4,092	2,832	12,607
21	강북구	2,178	3,518	3,251	2,962	11,909
22	종로구	2,992	3,627	2,552	1,796	10,967
23	양천구	986	2,691	3,267	2,943	9,887
24	중구	2,097	2,669	2,169	1,686	8,621
25	도봉구	1,340	1,938	2,180	2,145	7,603
합계		103,451	179,568	152,797	112,945	548,761

다음은 '드리머의 지하철 통계정보'이다. 출퇴근 시간의 승차 인원과 하차 인원이 많은 곳을 한눈에 알 수 있다.

서울시 지하철역의 승하차 정보

출처: 드리머의 지하철 통계정보(2015.01.01.~2019.2.01., https://dreamerstudio.tistory.com/21)

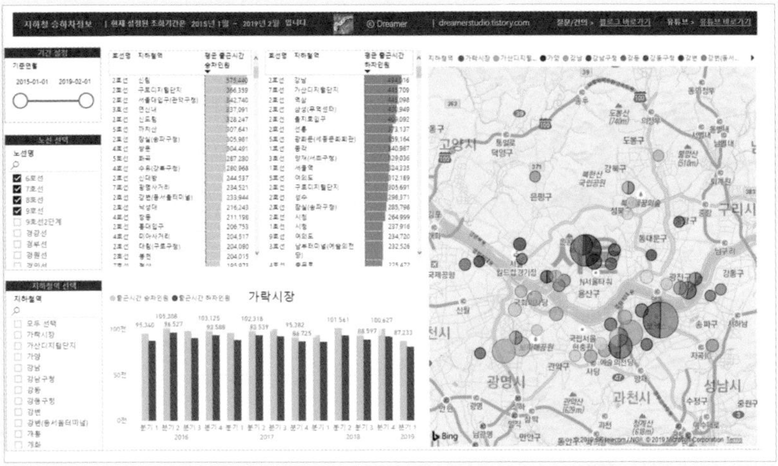

출근 시간대에 하차 인원이 많은 곳은 직장이 많은 곳이다. 이런 역 인근은 셰어하우스 수요도 많다고 할 수 있다.

서울시 출근 시간에 하차 인원 많은 곳(직장에 관한 정보)

1위 : 2호선 강남역	2위 : 7호선 가산디지털단지(마리오아울렛)역
3위 : 2호선 역삼역	4위 : 2호선 삼성(무역센터)역
5위 : 2호선 을지로입구역	6위 : 2호선 선릉역
7위 : 5호선 광화문(세종문화회관)역	8위 : 1호선 종각역
9위 : 3호선 양재(서초구청)역	10위 : 1호선 서울역

다음은 출근 시간대에 승차 인원이 많은 지하철역이다. 즉, 출근을 위해 지하철을 타는 사람들이 많이 사는 곳이다. 일자리를 가지고 있는 사람들이 주거지로 선호하는 지역이므로 셰어하우스 수요도 많다고 볼 수 있다.

서울시 출근 시간에 승차 인원 많은 곳(주거지에 대한 정보)

1위 : 2호선 신림역
2위 : 2호선 구로디지털단지역
3위 : 2호선 서울대입구(관악구청)역
4위 : 3호선 연신내역
5위 : 2호선 신도림역
6위 : 5호선 까치산역
7위 : 2호선 잠실(송파구청)역
8위 : 4호선 쌍문역
9위 : 5호선 화곡역
10위 : 4호선 수유(강북구청)역

이와 같은 자료는 일반 부동산에 투자하는 사람에게도 굉장히 중요하므로 반드시 머릿속에 넣어두고 투자 시 찾아보는 것이 좋다. 그만큼 부동산 투자에서 일자리 정보는 중요하기 때문이다.

03
지방 직장인 셰어하우스 입지 선택법

지금까지는 주로 서울의 직장인을 대상으로 한 셰어하우스의 입지를 살펴보았다. 그런데 지방 직장인들의 수요는 얼마나 있을까? 셰어하우스를 이용하는 가장 큰 이유는 주거비용 절감, 안전상의 문제이다. 그렇다면 지방의 직장인들도 이런 이유로 셰어하우스를 선택할까?

실제로 모 지역의 산업단지 인근에 셰어하우스를 운영하기 위해서 검토한 적이 있다. 산업단지가 몰려 있고 직장인들이 많기 때문에 충분한 수요가 있지 않을까 생각하며 살펴보았지만 셰어하우스 입지로 적당하지 않았다. 왜냐하면 지방 산업단지의 경우 회사에서 기숙사를 운영하거나 인근의 아파트·원룸·오피스텔 등을 사거나 빌려서 숙소로 제공하는 경우가 많기 때문이다.

또한 지방 셰어하우스는 1인실이 35만원, 2인실이 30만원이라고 했을 때, 인근 원룸이나 오피스텔의 월세가 35~40만원 수준이라면 장점이 없기 때문에 수요가 별로 없다. 결국 지방에서 직장인들을 대상으로 셰어하우스를 운영하기 위해 적합한 곳은 다음 사항을 만족해야 한다.

지방 직장인을 위한 셰어하우스의 요건

1. 여성 전용
2. 중대형 아파트
3. 주위 원룸, 오피스텔과 비교해서 가격경쟁력을 가질 것
4. 교통 및 편의시설

위의 요소가 다 갖춰진 곳이라면 지방이라도 충분히 가능성은 있다. 그렇다면 이런 곳은 어디 있을까? 경제활동인구 상위 지역을 살펴보면 다음의 표와 같다.

직장인들의 경우 1인실을 많이 선호하기 때문에 가능한 1인실을 많이 만들 수 있는 형태가 좋다.

하지만 셰어하우스를 운영하는 입장에서는 1인실보다는 2인실, 3인실이 수익률이 높기 때문에 집을 구할 때는 방이 크고 많은 것이 좋다는 것을 기억하자.

지방의 경제활동인구 상위 지역

단위: 천 명 출처: 통계청

구분	근무지 기준(A)	거주지 기준(B)	차이 (A–B)
경남 창원시	531	529	3
경기 수원시	524	629	–104
경기 화성시	497	400	96
경기 성남시	484	471	13
충북 청주시	408	428	–20
경기 고양시	374	488	–114
경기 안산시	366	373	–6
경기 용인시	355	480	–125
충남 천안시	353	362	–9
경기 부천시	341	434	–94

차이(A–B)가 양의 수로 클수록 셰어하우스 입지로 유리하다.

04

대학생 셰어하우스 입지 5가지 원칙

재적 학생 수와 남녀 학생 비율을 확인한다

대학생 대상 셰어하우스는 기본적으로 학생 수가 많고 여학생의 비율이 높은 곳이 좋다. 최소 재적 학생 수는 5,000명 이상은 되어야 하며, 여학생의 비율은 대부분의 대학교가 전체 학생 수의 40~50% 정도를 차지한다.

다음은 전국 지역별 대학교 현황이다. 대학이 가장 많은 곳은 서울, 경기도이며 다음으로는 경북, 부산, 충남, 경남 등이다.

전국 대학교 현황

기준: 2018년 출처: 한국교육개발원

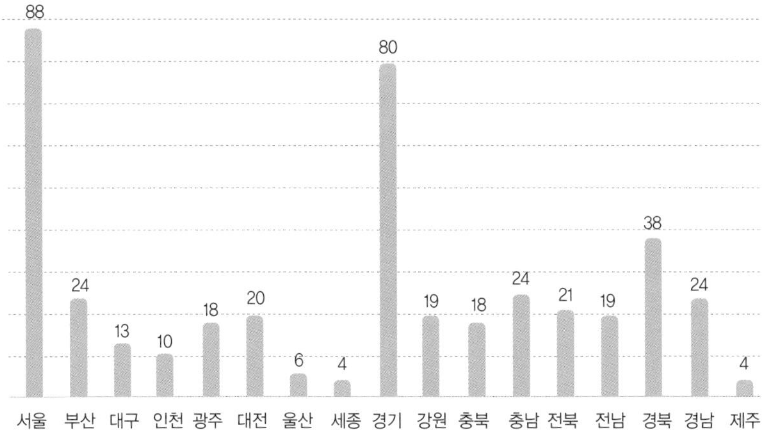

다음은 각 지역별 재적 학생 수를 정리해 보았다. 서울이 98만여 명, 경기 48만 4천명, 부산 27만명, 경북 21만 6천명, 충남 20만명 수준이다.

전국 대학생 재적 수

단위: 명 기준: 2018년 출처: 한국교육개발원

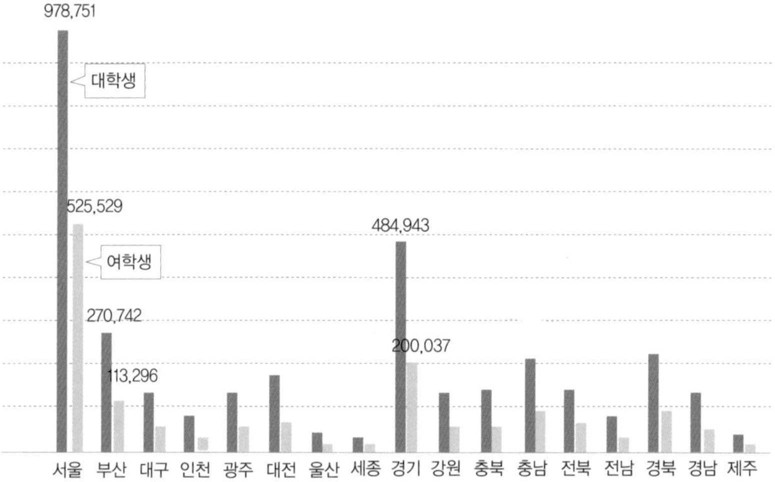

기숙사 수용 인원을 확인한다

대학교의 재적 학생 수가 아무리 많더라도 기숙사 수용 인원이 많으면 셰어하우스 수요가 적다. 학생 수도 중요하지만 기숙사 수용률도 중요하다. 따라서 반드시 기숙사 현황 및 수용 가능 인원을 알아봐야 한다. 기본적으로 학생 수가 많고 기숙사가 적은 곳이 셰어하우스를 운영하기 좋은 곳이다.

대학생 기숙사의 수용률은 전국적으로 22.4%이며, 서울·경기 등 수도권 지역은 20% 이하이고, 부산·충남·충북·전북·대구·광주는

전국 대학교 기숙사 수용률

단위: % 기준: 2018년 출처: 한국교육개발원

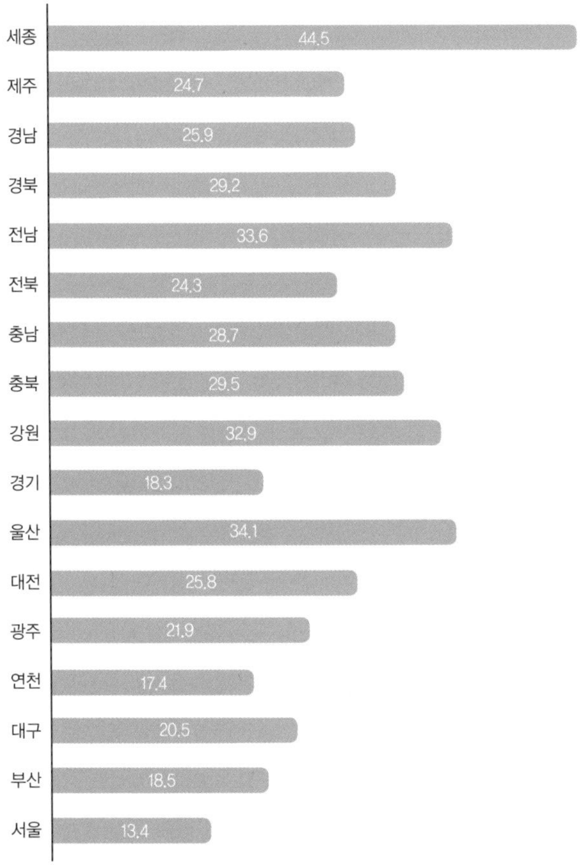

20%대이다. 이런 지역은 기숙사 수용률이 적기 때문에 셰어하우스 운영에 적합하다.

통학이 가능한 학생 수를 파악한다

학생 수가 많고 기숙사 수용 인원이 적더라도, 집에서 통학하는 학생이 많다면 셰어하우스 수요가 많지 않을 것이다.

직장인들은 보통 1시간 이내에 통근할 수 있는 곳에 많이 거주하는 편이지만, 대학생들은 학교까지 2시간 이내면 통학하는 경우가 많다. 예를 들어 천안에 있는 거의 대부분의 대학은 서울·인천·경기도 대부분의 지역으로 통학버스를 운영하고 있으며 이용하는 학생들도 굉장히 많다.

한편 지방에서는 대학이 외딴 곳에 동떨어져 있는 경우가 있다. 주위에 원룸만 있고 아파트가 없어서 셰어하우스를 운영하기 힘들다. 이런 경우 그 학교의 셔틀버스가 어느 곳에 서는지, 그 주변에 편의시설이나 터미널, 기차역 등이 있는지 확인하고, 그곳의 아파트를 셰어하우스의 입지로 정하면 된다.

주변 월세 및 공실 현황을 파악한다

대학생 대상 셰어하우스는 대부분 주변 원룸·오피스텔·고시원과 수요가 겹친다. 이들의 월세 가격이 싸거나 공실이 많다면 그만큼 입주자 모집이 힘들 수 있다.

주변의 셰어하우스 현황을 파악한다

요즘은 서울뿐만 아니라 지방에서도 셰어하우스가 빠르게 늘어나고 있다. 주변에 셰어하우스가 얼마나 있는지, 공실 여부, 월세 가격 등을 반드시 확인해야 한다. 셰어하우스도 수요와 공급의 법칙에 따라서 가격이 변동하고 공실이 발생한다는 것을 명심하기 바란다.

05

대학생 셰어하우스 어떤 곳이 인기 있을까?

대학생은 셰어하우스의 주요 입주 대상이다. 대부분 중고등학교까지는 집 근처 학교로 다니지만, 대학은 원하는 학교와 학과에 따라 통학이 불가능한 곳으로 가게 되는 경우가 많다.

대학생들이 셰어하우스를 이용하는 가장 큰 이유는 단연 주거비용 부담 때문이다. 원룸, 오피스텔은 월세가 부담스러울 뿐만 아니라 관리비, 인터넷, 기타 비용 등까지 합치면 꽤 많은 돈이 들어간다. 게다가 샴푸 · 비누 · 쓰레기봉투 등의 소모품도 직접 사야 한다.

셰어하우스는 기본적으로 필요한 물품은 다 제공하기 때문에 몸만 들어와도 생활이 가능하다. 따라서 주머니 사정이 별로 좋지 않은 학생들은 원룸보다 1인실 기준 20~30%, 2~3인실 기준 30~50%가 저렴한 셰어하우스를 찾는다.

일차적으로 대학의 기숙사를 이용하지만 기숙사 수용률이 그리 높지 않다. 전체 학생 수의 19% 정도이다. 이제 대학생 셰어하우스의 입지 조건을 알아보자.

대학과 가까운 곳이 가장 좋다

직장인들은 버스나 지하철로 출퇴근을 하더라도 큰 상관이 없지만, 대학생들은 통학을 하지 않으면 대부분 대학 근처로 집을 정하게 된다. 따라서 대학생 셰어하우스는 학교와 가까운 곳이 가장 좋은 입지이다. 셰어하우스를 이용하는 대학생들은 대부분 기숙사를 지원했다가 떨어지거나, 기숙사의 제한된 생활이 불편해서 나오는 경우가 많기 때문이다. 대학이 너무 외딴 곳에 있는 경우 바로 앞이 아니라도 셔틀버스로 10~20분 이내에 있는 곳도 괜찮다.

여학생에 초점을 맞춘다

셰어하우스는 남학생보다 여대생들이 많이 이용한다. 남학생들은 원룸 · 오피스텔에 대한 거부감이 많지 않지만, 여대생들의 경우 안전과 외로움 때문에 꺼리는 경우가 있다.

실제로 우리가 천안에서 운영 중인 대학생 셰어하우스는 모두 여성 전용이다. 그만큼 여학생 수요가 많기 때문이다. 실제로 문의하는 대학생들의 거의 90%는 여성이다. 여학생의 경우 원룸이나 오피스텔은 좁고 답답하고, 옆집에 누가 살고 있는지 알 수 없어서 겁이 난다는 이야기를 많이 한다. 특히 신입생의 경우 가족과 떨어져 혼자서 지내야 하기 때문에 외로움을 많이 느끼기도 한다.

빌라, 단독주택보다 아파트가 좋다

대학생 대상 셰어하우스도 당연히 아파트가 가장 좋다.

문제는 서울의 경우 아파트를 얻어 운영하기에는 부담이 너무 크다. 아파트 평균가격이 8억원이 넘었기 때문에 자가로 운영하는 것은 거의 불가능하고, 월세를 얻으려고 해도 보증금이 5,000만원에서 1억원이나 된다. 따라서 서울의 경우 대부분 빌라 등 다세대주택이나 단독주택을 얻기도 한다.

하지만 수도권이나 광역시를 제외한 지방에서는 무조건 아파트를 얻어야 한다. 보증금이 1,000~2,000만원인 곳이 많으며 월세도 80~100만원 수준이면 가능하다. 아파트는 여학생들이 가장 중요하게 여기는 안전과 보안이 잘되어 있다. 단지 내에 경비원이 있는 아파트도 많고, 1층 공동 현관문도 비밀번호가 되어 있으며, 아파트 내의 헬스클럽, 주변의 편의시설도 잘되어 있기 때문에 경쟁력이 있다.

학부모를 설득해야 한다

우리가 운영하는 셰어하우스의 계약자 대부분이 학생이 아닌 학부모이다. 블로그와 카페 등에 홍보하면, 신입생의 경우 대부분 학부모들에게 연락이 오며 3, 4학년 정도가 되면 학생들이 직접 문의를 한다. 따라서 학부모와 상담할 때 설명이 매우 중요하다.

실제로 계약을 하고 돈을 내는 사람도 대부분 학부모이기 때문에 그들의 마음이 들어야 계약이 성사된다. 신입생 학부모들이 가장 신경 쓰는 부분은 안전이다. 시설·안전용품, 주위 유해시설 여부를 알려주고, 셰어하우스 자체에서 규칙을 정하고 주기적으로 학부모를 대신해서 관리한다는 점을 중점적으로 설명하는 것이 좋다.

학사 일정과 기숙사의 모집 일정 체크

대학교는 대부분 3월에 개강한다. 그런데 기숙사의 경우 보통 합격자 발표가 난 후 1월과 2월 사이에 입소 인원을 선발한다.

통학이 불가능한 학생들은 대부분 기숙사를 지원한다. 그리고 기숙사 입소 발표가 끝난 후에 떨어진 학생들이 동시에 셰어하우스를 알아보기 시작한다. 따라서 대학 홈페이지에서 학사 일정을 확인하고, 기숙사(생활관) 게시판에서 입소자 모집 일정과 발표 등의 공지사항을 수시로 체크하면서 준비해야 한다.

1~2월, 7~8월이 오픈 시기

대학생 대상 셰어하우스는 오픈 시기가 정해져 있다. 1학기가 시작되는 3월 이전인 1월에서 2월 중순, 2학기가 시작되는 9월 이전인 7월에서 8월 중순까지이다.

다만, 보통 학생들이 연초에 1년 동안 살 곳을 정하기 때문에 2학기에는 수

요가 매우 적다. 주로 복학하는 학생들이 문의를 한다.

세어하우스용 집을 얻고 인테리어 세팅까지 하는 것을 감안하면 오픈 준비는 가능한 1월 말까지는 끝내야 한다. 대부분의 입주자들이 직접 와서 집을 둘러보고 계약하기 때문이다.

예비 입주자를 꼭 리스트에 올려라

일부 대학의 경우 기숙사 입소 추가 발표를 한다. 신입생 이외에 복학생, 교환학생들을 위해 자리를 예비로 남겨두었다가 정원이 남으면 3월 초까지도 발표하는 곳이 있다. 이럴 경우를 대비해서 예비 입주자 몇 명 정도는 반드시 리스트에 올려놓아야 한다.

셰어하우스는 대부분 대기가 거의 없다. 기숙사 추가 발표로 갑자기 계약을 해지한 입주자가 생겨서 연락을 해보면, 다른 셰어하우스나 원룸 등을 계약한 경우가 대부분이다.

3월 초중순까지는 통학하던 학생들이 힘들어 일부 셰어하우스로 들어오는 경우가 있지만, 4월부터는 입주 문의가 뚝 끊긴다. 입주기간을 놓치면 다음 학기까지는 공실이 대부분 이어진다는 것을 명심하고 예비 입주자들을 꼭 리스트에 올려 놓아야 한다.

06

셰어하우스의 입지 이렇게 선택했다_실제 사례

우리가 셰어하우스를 경매로 낙찰받은 자가에서 운영하기로 하고, 어떤 지역이 좋을까 고민하다가 생각한 것이 천안이다. 왜 하필 천안이었을까? 셰어하우스 입지를 선택하는 실제 사례를 따라가 보자.

앞으로 주택가격 상승 가능성을 체크한다

천안시는 2018년 당시 공급이 많아서 주택가격이 크게 떨어지고 있었다. 하지만 2019년부터는 공급이 적어지기에 몇 년 후에는 가격 상승 가능성이 있어 보였다.

충남 천안시 서북구 매매가 및 전세가

출처: KB부동산, 땅집고

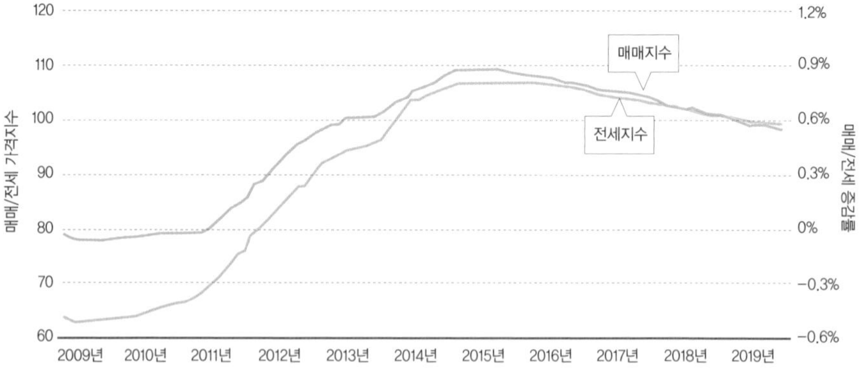

충남 천안시 서북구 연간 공급량 및 적정 공급량

출처: 땅집고

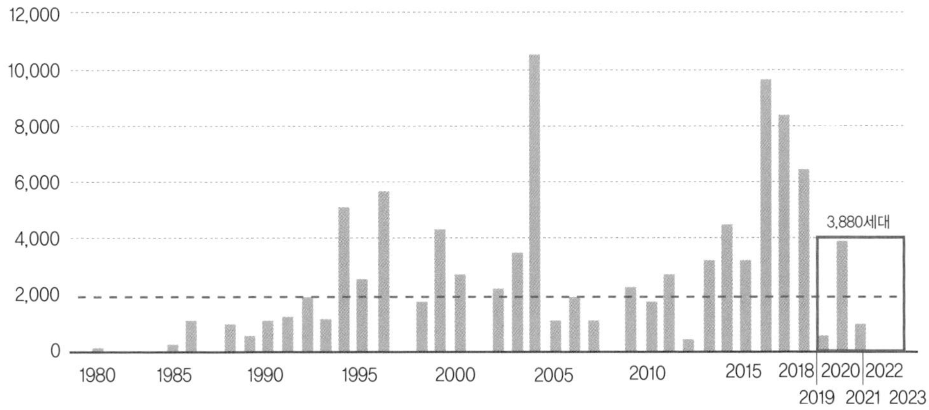

대학생과 직장인 수요를 체크한다

천안은 대학과 대학생이 많은 곳이다. 수도권에서 한 시간 이내에 있는 지역 중 충남은 대학이 24개이고 대학생이 20만 명이 넘는데, 그중에 많은 대학과 대학생이 천안에 있다.

동네를 선택한다

천안 내에서도 지역을 선정해야 하는데, 주요 지역인 불당동 및 쌍용동을 우선 살펴보았다. 그중에서도 쌍용동은 핫한 불당동 인근이면서 가격이 비교적 저렴하며 나사렛대가 위치하고 있다.

천안 불당동 및 쌍용동 일대 아파트 가격 기준: 2018년 출처: 네이버 부동산

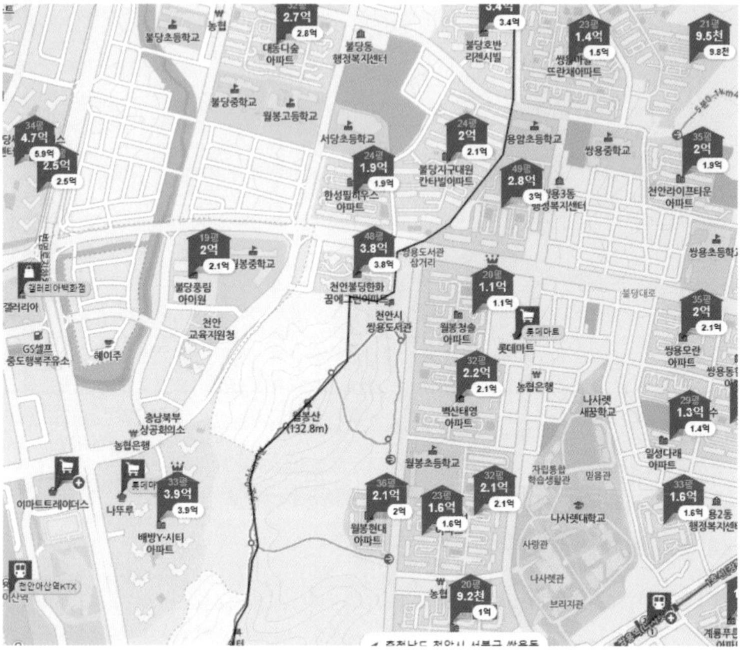

주택 유형을 선택한다

천안의 경우 대학 근처의 원룸과 경쟁하기 위해서는 아파트가 적합하다는 결론을 내렸다. 게다가 아파트 가격도 높지 않았다. 따라서 아파트로 셰어하우스를 하기로 최종 결정했다.

평수가 크고, 방이 많은 아파트를 고른다

쌍용동, 불당동 근처의 모든 아파트에 대해서 가격, 평형, 구조 등을 검토했다. 네이버에서 관련 정보를 찾는 방법을 알아보자.

1. 관심 있는 동네의 아파트 가격, 평형, 구조를 검토할 때는 네이버 지도를 통해서 하나씩 살펴보면 좋다.

2. 네이버 지도를 확대하면 아파트 각 동 위에 면적이 표시되며, 그 면적을 보고 평형 구성을 알 수 있다.

기준: 2018년 출처: 네이버 부동산

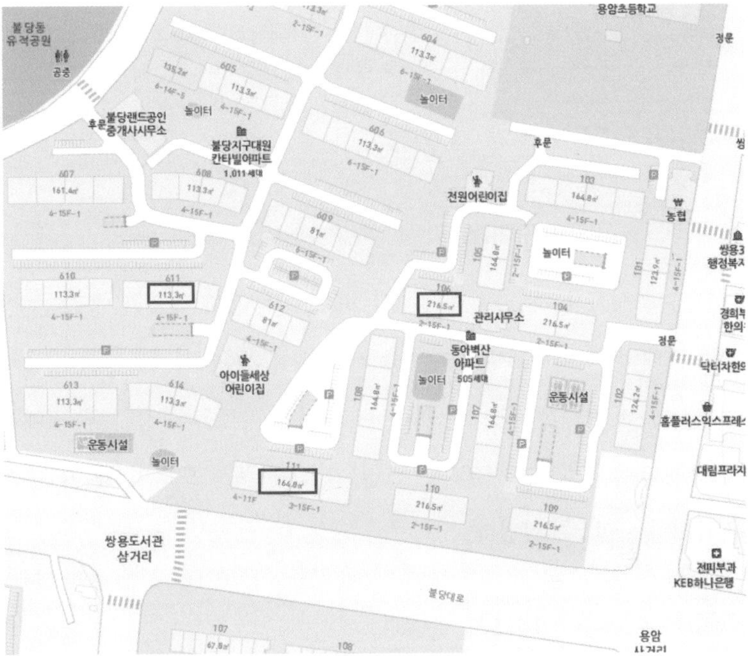

셰어하우스 입지를 선택한 후 네이버 지도를 출력하여 관심 있는 아파트를 표시했다. 네이버 지도를 확대하면 각 동 위에 면적이 표시된다.

3. 네이버 부동산의 각 단지별 정보에서도 관련 정보를 볼 수 있다. 아파트 이름으로 검색한 후 '단지정보' 탭을 누르면 '면적' 항목에 아파트 면적(평형)이 나온다.

[쌍용동] 관심단지등록 단지매물전체

매물 | 시세 | 실거래가 | 단지정보 | 평면도 | 학군정보 | 관리비 | 커뮤니티 | 대출

단지상세

총세대수	585세대	총동수	11개동
준공년월	1999년 05월	건설사명	벽산건설(주), 동아건설산업(주)
총주차대수	1046 대	세대당주차대수	2.07 대
난방방식	개별난방	난방연료	도시가스
용적률	216%	건폐율	20%
최고층	15층	최저층	11층
면적	123A㎡, 124B㎡, 164㎡, 216㎡		

4. 1~3 과정을 통해 나사렛대에서 도보로 통학이 가능한 불당동·쌍용동 일대의 각 아파트별 평수, 방 및 화장실 개수, 실거래가를 다음과 같이 엑셀에 정리했다. 그런 다음 몇 개의 아파트를 선정한 후 경매물건을 검색해 입찰했다. 결과는 낙찰! 이렇게 해서 드디어 셰어하우스용 주택을 구할 수 있었다.

셰어하우스 입지 선택 후 관심 아파트 정보 정리

기준: 2018년 당시 가격

동명	아파트명	평형	방	화장실	금액
불당동	대원칸타빌	25평	3개	2개	2억 2천만원
		34평	3개	2개	2억 7천만원
		41평	3개	2개	3억원
		49평	4개	2개	3억원

불당동	불당한화 꿈에그린	38평	3개	2개	3억 3천만원
		41평	3개	2개	3억 3천만원
		48평	3개	2개	3억 7천만원
쌍용동	용암동아벽산	37평	3개	2개	2억 4천만원
		50평	4개	2개	2억 6천만원
		65평	5개	2개	3억원
쌍용동	태영아파트	29평	3개	2개	1억 8천만원
		32평	3개	2개	2억원
쌍용동	월봉일성5차	24평	3개	2개	1억 6천만원
		32평	3개	2개	2억원
		42평	4개	2개	2억 5천만원
		50평	4개	2개	2억 6천만원
쌍용동	현대아이파크6차	24평	3개	2개	1억 7천만원
		34평	3개	2개	2억 5천만원
		42평	3개	2개	2억 6천만원
		46평	3개	2개	2억 8천만원
쌍용동	쌍용모란	37평	3개	2개	2억원
		43평	4개	2개	2억원
쌍용동	상록수현대	23평	3개	1개	1억 2천만원
		33평	3개	2개	1억 6천만원

07 좋은 셰어하우스 주택 고르는 6가지 원칙

셰어하우스를 운영해서 수익을 잘 내기 위해서는 좋은 입지와 집을 구하는 것이 가장 중요하다.

입지가 아무리 좋더라도 집이 입주자들의 마음에 들지 않으면 만실이 되기 힘들고, 한번 들어온 입주자들도 계약기간이 끝나면 나간다. 반면 아무리 집이 좋더라도 셰어하우스에 적합한 입지가 아니면, 입주자들의 문의도 오지 않고 결국 공실 상태로 손해만 보게 된다.

따라서 내가 원하는 지역의 내가 원하는 집이 아니라 철저히 입주자들의 관점에서 접근해야 한다.

자가로 셰어하우스를 운영하는 것이 안정적이고 좋은 점이 많지만 투자금 부담이 크다. 그래서 월세를 얻어서 전대차 가능 조건으로 셰어하우스를 구하는 경우가 많다. 하지만 입지가 좋은 지역을 정한 후 셰어하우스용 집을 구하다 보면 정말 쉽지 않음을 느낀다.

우선 입지가 좋은 지역의 경우 월세 물건이 많지 않다. 마음에 드는 좋은 집이라도 주인이 전대차를 허락해 주지 않는 경우도 있다. 셰어하우스를 위한 좋은 집을 구하는 비결을 소개한다.

하나의 매물에 집착하지 않는다

원하는 지역을 정하고 집을 구할 때 마음에 드는 집이라도 집주인이 전대차를 거절하거나 조건이 맞지 않는 경우가 많다. 따라서 집을 보고 마음에 든다면 공인중개사를 내 편으로 잘 설득해야 한다.

실제로 집을 얻다 보면 공인중개사가 셰어하우스의 개념을 잘 알지 못하는 경우가 제법 있다. 그러면 셰어하우스에 대해서 잘 설명하고, 기존에 운영하는 셰어하우스의 사진을 보여주면서 다음과 같이 설명한다.

• • •

"셰어하우스는 일반 기숙사와는 전혀 다릅니다. 기숙사는 대부분 사원이나 건설현장 인부들이 여러 명이 함께 사용하는데, 따로 책임지고 관리하는 사람이 없지요. 관리자가 따로 없으니 집이 지저분하고 금방 망가지는 경우가 제법 있지요.

하지만 셰어하우스는 운영자인 저희가 처음부터 책임지고 관리를 합니다. 게다가 새로운 입주자들을 계속 들여야 하기 때문에 항상 깨끗한 상태로 유지합니다. 내부 조명은 LED 전등으로 직접 교체하고 가구들도 멋있게 배치합니다.

기본적으로 간단한 것들은 직접 수리도 합니다. 실제로 처음에는 싫어하던 집주인들도 중간에 와서 보고는 집이 좋아졌다고 굉장히 좋아하세요."

• • •

공인중개사를 설득하고 나면, 그 뒤에는 그가 얼마나 집주인을 잘 설득하느냐의 문제가 남는다. 집주인을 설득하는 데 실패하면 포기하지 않고 바로 다른 집을 찾고 또 찾아야 한다. 그래도 마음에 드는 집을 찾지 못하거나, 집주인을 설득하지 못하면 다른 공인중개사 사무실을 찾고 또 찾아야 한다.

어찌 보면 셰어하우스는 집 찾는 게 가장 힘든 일 중의 하나이다. 어떤 지역의 경우 10군데 이상의 공인중개사 사무실과 20여 군데의 집들을 보고 난 후 겨우 셰어하우스를 월세로 얻은 경우도 있다.

한 공인중개사와 계속 거래하며 신뢰를 쌓는다

일단 셰어하우스를 구하고 공인중개사와 신뢰를 쌓게 되면 그 이후에는 집을 구하기가 수월해진다. 셰어하우스를 할 만한 집이 나오면 공인중개사가 먼저 집주인과 상의하고 설득한 후에 연락을 해 주기도 한다. 그렇게만 되면 그 지역에서 지점을 늘려가는 것이 한결 수월해진다.

전체 구조와 방 구조를 알아본다

셰어하우스의 수익률을 좌우하는 것은 '집의 평수'가 아니라 '방과 화장실의 개수'이다.

어떤 아파트는 41평이지만 거실과 주방만 넓고 방이 3개밖에 안 된다. 게다가 방 크기도 안방을 제외하고는 작다. 이런 경우에는 1인실 2개, 2~3인실 1개만 운영할 수 있으니 총 정원이 5명으로 수익률이 떨어질 수밖에 없다.

셰어하우스 수익률이 나쁜 아파트 구조(41평)

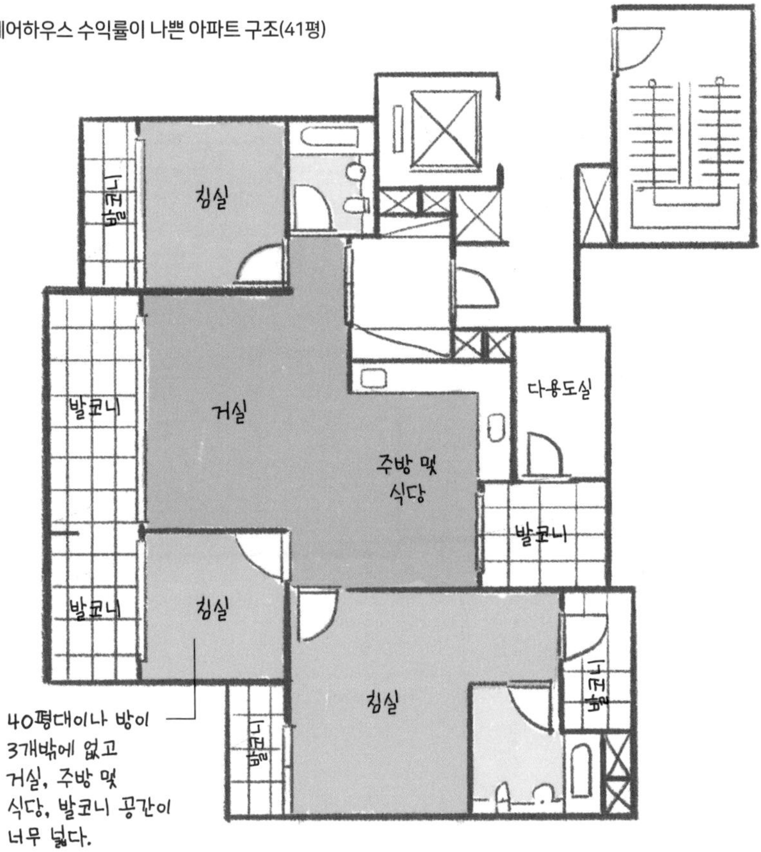

수익률이 나쁜 아파트 구조

셰어하우스 수익률이 좋은 아파트 구조(39평)

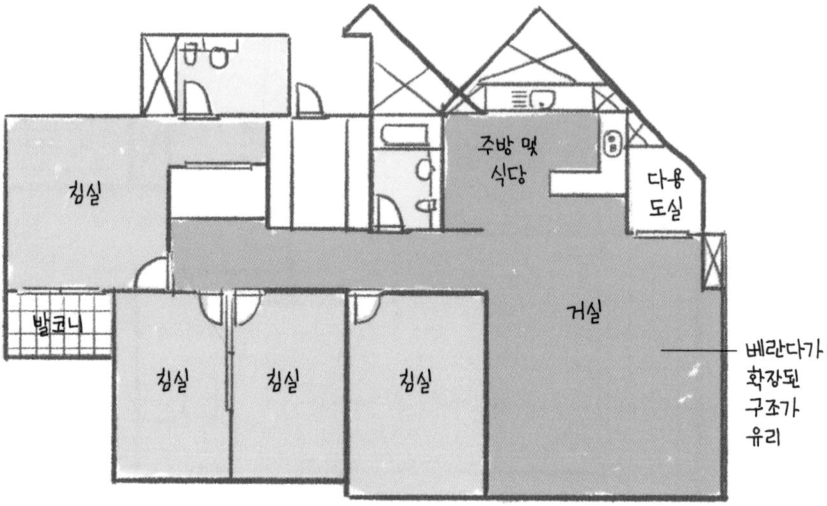

수익률이 좋은 아파트 구조

반면, 위의 그림처럼 39평인데도 방이 4개, 화장실이 2개인 아파트도 있다. 이러한 구조의 아파트는 2인실 2개, 1인실 2개로 정원을 6명으로 할 수 있어 수익률이 더 높다.

빌라의 경우도 평수에 비해서 방이 많은 곳이 있다. 그래서 평소에도 셰어하우스가 가능한 지역에서 아파트들의 평면도를 찾아보고 꾸준히 연구할 필요가 있다.

특히 작은방의 경우 침대와 책상이 2세트가 들어가는 크기인지 살펴보아야 한다. 싱글 침대는 보통 2m×90cm, 책상은 90cm×60cm이므로 각각 2세트가 들어갈 수 있는지 확인해야 한다. 또한 공간을 최대한으로 활용하기 위해서는 일반적으로 거실을 제외하고는 베란다가 확장된 집이 훨씬 유리하다.

수리가 필요 없는 집이 좋다

셰어하우스는 내부 인테리어도 굉장히 중요하다. 요즘은 입주자들의 눈높이가 높아져서 원룸이나 다른 셰어하우스와 비교하기 때문이다. 인테리어를 화려하고 멋있게 하려고 연연하기보다는 깨끗하고 깔끔한 것이 좋다.

오래된 빌라나 아파트는 전체적인 톤이 체리색 등 옛날 분위기이며 화장실, 주방이 깨끗하지 못한 경우가 많다. 여성들이 전월세를 구할 때 가장 중요하게 보는 곳이 화장실과 주방이다. 따라서 반드시 화장실과 주방이 깨끗하고 수리되어 있는 집을 얻는 것이 중요하다.

도배나 장판 등은 오래되어 지저분한 경우 집주인에게 해 달라고 하면 대부분 들어주는 경우가 많지만, 화장실이나 주방은 평수가 크면 수리에 돈이 많이 들기 때문에 집주인에게 요구해도 리모델링을 거의 해 주지 않기 때문이다. 실제로 주방이나 화장실이 좋지 못한 곳은 입주자들을 구하기가 쉽지 않다.

하자가 없는지 체크한다

셰어하우스를 구할 때 큰 하자가 없는지 살펴보아야 한다. 중점적으로 봐야 할 부분은 ① 누수, 곰팡이, ② 배관 상태(물이 잘 나오는지, 막힌 곳은 없는지), ③ 난방 및 보일러 작동 등이다.

누수/곰팡이는 방구석이나 창호 근처의 도배 상태를 잘 살펴봐야 한다. 누수가 생기면 누렇게 변색된 경우가 많고 곰팡이가 생긴 자국이 있을 수 있다. 또한 쾌쾌한 냄새가 나는지도 확인한다.

보일러는 옆면에 설치연도가 나와 있으며, 되도록 5년 이내에 설치한 것이 좋다. 7~8년 이상이 되면 대부분 문제가 발생하기 시작한다. 세입자가 있는 경우에는 살면서 불편한 점이 있었는지 넌지시 물어본다.

특히 누수 등의 문제는 바로 해결되는 것이 아니고 수리할 때 입주자들에게 부탁하여 며칠 동안 집을 비워야 하므로 주의해야 한다. 또한 주방에서는 물을 틀어보고 잘 나오는지, 화장실에서는 변기 등의 상태와 물이 잘 내려가는지 꼼꼼히 확인해야 한다.

보증금이 적고 월세가 저렴한 곳이 좋다

셰어하우스의 수익률을 높이기 위해서는 3가지 방법이 있다. ① 투자금이 적을 것, ② 월세가 적을 것, ③ 입주자가 많을 것. 즉, 내가 셰어하우스용 집을 빌리면서 내는 월세가 적다면 수익률이 올라간다. 따라서 같은 조건이면 월세가 낮은 집을 구하는 것이 유리하다.

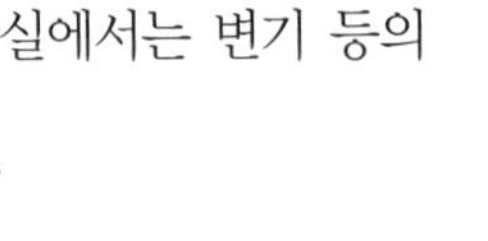

월세 보증금이 작으면 한정된 투자자금으로 셰어하우스 지점을 늘리기도 수월하고 투자금

대비 수익률도 높일 수가 있다. 하지만 집주인들은 보증금을 많이 받는 것을 선호한다. 월세가 밀리게 되면 보증금이라도 많이 가지고 있어야 밀린 월세 및 관리비를 처리할 수 있기 때문이다.

월세 보증금은 보통 월세 1~2년치를 기준으로 한다. 예를 들어 월세가 80만원인 곳은 보증금을 1,000~2,000만원으로 잡는다. 만약 보증금이 2,000만원이고 월세가 80만원이라면, 계약 시 집주인과 협의하면서 보증금 1,000만원에 월세 85만원 정도로 조정하는 것이 가장 좋은 방법이다.

이럴 때 집주인에게 다음과 같이 이야기를 하면 좋다.

"사장님, 월세는 계약 후에 바로 은행에서 자동이체를 신청해서 미납에 대한 걱정이 없도록 하겠습니다."

다만, 무조건 월세가 낮은 집을 구하기보다는 입주자를 몇 명까지 받을 수 있느냐가 더 중요하다. 보증금 1,000만원에 월세 80만원인 집에 입주자를 5명 받는 것보다, 보증금은 같고 월세가 10만원 더 비싸더라도 6명을 받을 수 있는 것이 수익률이 높기 때문이다. 그러려면 집을 볼 때 정원을 몇 명으로 할 수 있을지 머릿속에 바로 그려져야 한다. 6장에서 상세히 설명하니 참고하기 바란다.

어떻게 몇 천만 원으로 시작해 불과 2년여 만에 월세 부자가 되었을까? 입지, 세팅, 인테리어, 관리까지, 1호점부터 시작해 키워온 스토리와 노하우를 시원하게 공개한다.

4

Part

셰어하우스 쉽게 따라하기

01

월 20만원으로 65평 아파트 살아보기-쌍용점

현재 운영하고 있는 셰어하우스는 총 7채로 모두 여성 전용이다. 경매로 낙찰받아 운영하는 곳이 2곳이고, 월세로 집을 빌려서 전대차로 운영하는 곳이 5곳이다. 대표적으로 몇 곳만 소개해 본다.

쌍용점의 탄생 배경은 부동산 투자에서부터 시작된다. 당시 천안에 공급 물량이 많아 신불당 지역에는 입주가 계속되고 주변 아파트 가격이 계속 내려가고 있었다. 신불당의 공급이 안정되면 불당동, 쌍용동까지 다시 좋아질 것이라는 생각이 들었다.

그러던 차에 65평 아파트 경매물건이 눈에 들어왔다. 문제는 신불당 지역에 새 아파트 입주가 한꺼번에 몰리다 보니, 매매든 전세든 실거주자들이 그쪽으로 대거 옮겨가던 터라 세가 안 나갈 위험이 있어 보였다. 유찰된 물건이라 최저매각가격이 떨어져 매력적이었지만, 임대가 안 될까 걱정되어 주저했다. 그때 번뜩 떠오른 생각…….

'아, 셰어하우스를 해 보자! 호주에서 직접 셰어하우스에 살아본 경험도 있고, 잘만 하면 그냥 세를 놓는 것보다 월세를 2~3배는 더 받을 수 있을 거야.' 마침 서울에서 강남과 마포를 중심으로 셰어하우스가 등장하고 있던 때였다.

과감하게 셰어하우스를 하기로 결정하고 입찰에 참여했다. 65평의 대형 평수이고 주변 아파트 가격이 크게 내리고 있었기에 매우 싼 가격에 낙찰받는 데 성공했다. 명도를 진행하는 동안 셰어하우스 오픈을 준비했다. 일단 부딪혀 보자는 생각으로 자료를 찾고 공부하면서 바로 실행에 들어갔다.

그때까지만 해도 셰어하우스는 강남이나 마포 등 서울 중심으로 생겨날 때라 지방에는 전무했다. 천안의 공인중개사나 대학생들도 셰어하우스 개념조차 잘 몰랐을 때였다. 입주 상담할 때도 셰어하우스 개념부터 하나하나 설명해 줘야 해서 난감했던 기억이 난다.

셰어하우스 운영이 처음이었기에 가구도 가전제품도 어림잡아 준비해서 설치하다 보니, 너무 크거나 잘못 산 경우도 있었다. 그만큼 투자비용도 많이 들어갔다. 뭐든 직접 경험해야 아는 것이 있다. 이 경험으로 2호점부터는 오픈 비용을 크게 절감할 수 있었다.

근처에 나사렛대가 도보 5분 거리에 있었고 교통과 인프라가 좋은 입지였다. 따라서 인근 대학생 위주로 입주자를 구했는데, 학기가 시작된 지 한참 지난 5월에 오픈했기에 문의가 생각만큼 많이 오지 않았다. 이 역시 처음 해 보는 거라 겪은 시행착오였다.

하지만 궁하면 통하는 법, 2학기가 시작될 때까지 버티자는 심정으로 계약기간도 자유롭게, 가격도 오픈 할인가로 낮추고 홍보를 하니 직장인들에게 연락이 오기 시작했다. 갑자기 계약직으로 들어가게 된 사람, 공무원 시험에 합격하고 대기발령 중인 사람, 아르바이트 하는 사람 등 다양한 입주자들이 들어왔다. 다행히 곧 만실이 되었지만, 미숙하여 이래저래 수업료를 치른 셈이다.

현재는 근처 대학생들로 만실이고 대기 문의도 끊임없이 오며 효자 노릇을 톡톡히 하고 있다. 주변 입주가 마무리됨에 따라 아파트 매매가도 오르고 있다. 하지만 셰어하우스 수익률이 훨씬 좋아 팔지 않고 계속 운영할 생각이다.

기본사항

- 콘셉트: 모던한 카페 분위기의 셰어하우스
- 운영방식: 경매로 낙찰받아 셰어하우스로 운영
- 교통: 수도권 전철 1호선 쌍용역, 나사렛대 도보 5분 거리
- 주택 형태: 65평 아파트, 12층
- 룸 타입/정원: 방 6개(1인실 3개, 2인실 3개), 화장실 2개 / 정원 9명
- 입주자 구성: 나사렛대 앞이라서 대학생이 거의 대부분이지만, 교통과 인프라가 좋아 직장인도 많은 편이다.
- 입주자 월세: 1인실 24~28만원, 2인실 22만원
- 인테리어 및 특이사항: 경매로 낙찰을 받은 집이다 보니 내 맘대로 인테리어를 할 수 있었다.

수익률 높이는 인테리어

- 가벽을 설치해 1인실을 하나 더 만들어 수익률을 높였다(업체 비용 60만원).
- 도배, 페인트(업체)
- 여대생들이 선호하는 카페 분위기를 위해 셀프 레인 조명 설치

- 방마다 LED 조명 셀프 교체
- 카페 책상, 의자, 모던한 액자
- 분위기 있는 블라인드와 난방비를 아껴주는 암막커튼 셀프 설치

쌍용점

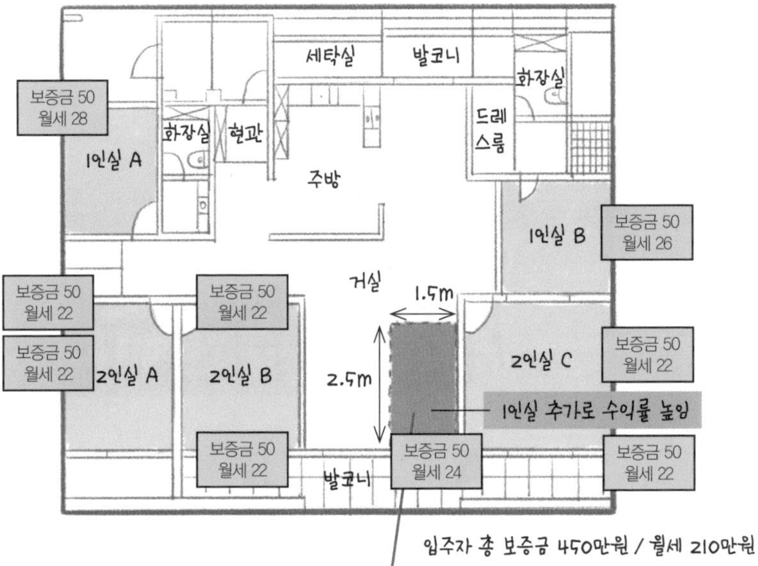

거실에 방 만들기(랩핑 칸막이 이용)

• 수입: 총 보증금 450만원, 월세 210만원
• 지출: 주택담보 대출이자 월 68만원

주변 아파트의 월세는 보통 60~70만원인데, 셰어하우스를 통해서 대출이자를 내고도 월 142만원의 수익을 올리고 있다.

카페 콘셉트로 꾸민 거실

분위기 있는 블라인드와 6인용 식탁으로 깔끔하고 쾌적한 주방의 느낌을 살렸다.

02 구조 변경으로 월세 효자 되다 -부경점

세 번째 셰어하우스는 상명대와 호서대, 조금 멀게는 단국대와 백석대가 모여 있는 안서동에서 운영 중이다. 안서동에 있는 대학들의 학생 수만 해도 5만 명에 이른다. 충분한 수요가 있다고 판단하고, 부동산 투자와 병행하기 위해 인근의 48평 아파트를 경매로 낙찰받아 세팅해서 오픈했다.

3호점인 부경점은 셰어하우스 운영을 위해 입지부터 철저하게 분석해서 임장하고 입찰했다. 이 아파트는 평수가 좀 큰 데다가, 시세차익을 얻기 위한 부동산 투자의 관점에서는 입지가 좀 애매하다 보니 입찰자가 거의 없어서 매우 싸게 낙찰받을 수 있었다.

그런데 주변에 대학 4개가 모여 있다 보니 셰어하우스 창업에 좋은 입지였지만, 48평임에도 불구하고 방이 고작 3개였다. 그 대신 거실과 주방이 꽤 컸다.

셰어하우스를 운영해 보면 입주자들이 의외로 거실, 주방 등 공용 공간를 잘 사용하지 않는다. 처음 오픈한 쌍용점의 경우 주방에 6인 식탁을 놓았는데, 실제로 보니 2, 3명만 같이 먹어도 많이 먹는 거고, 시간상의 이유로 낯설다는 이유로 혼밥을 많이 했다. 그다음 지점부터는 식탁도 4인용으로 하고 거실 가구도 심플하게 바꾸게 되었다.

결과적으로 부경점은 거실에 1인실을 2개 추가하고, 주방에 가벽을 세워 1인실을 추가해 월세 수익률을 4배로 높였다. 현재 운영 중인 셰어하우스 중에서 수익률이 가장 높다.

부경점은 그해 12월에 명도·수리·입주청소까지 끝내놓고 입주자들을 바로 받기 시작했다. 방학 때는 실습생들을 단기로 받았고, 새 학기가 시작되기 전에 이미 만실이 되었다.

대학가 원룸보다 저렴한 월세, 쾌적한 공간, 넓은 평수 때문에 인기가 좋아서 일년치 월세를 한꺼번에 받는 연세로 많이 계약했다. 특히 딸이 혼자 원룸에서 생활하는 것을 걱정하는 부모님들에게 인기가 아주 좋았다. 집도 깨끗하고 넓고 쾌적해서 보러 오는 입주 희망자들은 다른 곳도 다 취소하고 바로 계약했다. 투자 장점은 이렇다.

첫째, 대형 평수이고 셰어하우스로서의 입지가 좋은 아파트를 낮은 가격으로 낙찰받아 월세 및 시세차익을 얻을 수 있다.

둘째, 셰어하우스를 염두에 두고 경매를 받았기 때문에 구조 변경이 용이했다. 방을 추가로 만들어 수익률을 높였다.

셋째, 낙찰잔금을 낼 때 받은 주택담보 대출이자가 전대차 월세의 반도 안 된다. 비용이 작으니 당연히 수익률이 높아진다.

넷째, 대학 앞 원룸은 일년치 월세를 한꺼번에 연세로 받기 때문에, 셰어하우스도 할인이나 장기 이벤트를 잘만 활용한다면 연세로 한꺼번에 받을 수 있다.

기본사항

- **콘셉트**: 편안한 내집 같은 분위기의 셰어하우스
- **운영방식**: 경매로 낙찰을 받아 셰어하우스로 운영
- **교통**: 안서동 대학가 밀집 지역(상명대 · 호서대 · 단국대 · 백석대)
- **주택 형태**: 48평 아파트, 6층
- **룸 타입/정원**: 방 6개(1인실 4개, 2인실 2개), 화장실 2개 / 정원 8명
- **입주자 형태**: 대학가 특성상 모두 대학생
- **입주자 월세**: 1인실 27~29만원, 2인실 22~25만원
- **인테리어 및 특이사항**: 셰어하우스 운영을 위해 경매로 낙찰받은 곳. 입지와 아파트 평면도를 보고 철저하게 공부해서 입찰했다.

수익률 높이는 인테리어

- 쌍용점처럼 가벽을 세워 1인실을 3개 더 만들었다. 덕분에 수익률이 꽤 높다(업체 총비용 180만원).
- 도배(업체)
- 방마다 LED 조명 셀프 교체
- 따뜻한 느낌의 암막커튼 전체 셀프 설치
- 안락한 소파와 티테이블

부경점

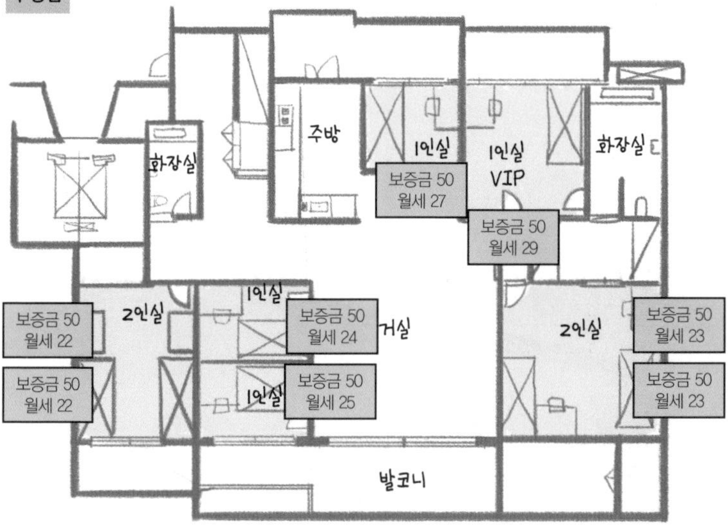

입주자 총 보증금 400만원 / 월세 195만원

수입: 보증금 400만원, 월세 195만원

지출: 대출이자 월 43만원

월세 195만원에서 대출이자 43만원을 제하면 152만원이 매달 수익으로 들어온다. 일년치 월세를 한꺼번에 연세로 받고 있기 때문에 월세가 밀릴 걱정이 적고 관리가 편하다.

내집처럼 편안한 분위기의 거실

가장 넓은 2인실

문을 만들어 추가한 1인실

추가된 1인실 내부

가장 넓은 1인실

깔끔한 화장실. 여성 입주자들은 화장실을 중시한다.

03 강남으로 진출하다 - 역삼점

강남에서 셰어하우스용 집 구하기

그동안 갈고 닦았던 경험을 바탕으로 서울 강남에서도 셰어하우스를 해 보기로 했다. 서울 지역은 매매로 할 경우 투자금이 많이 들기 때문에 월세로 빌려서 전대차로 운영하기로 했다.

먼저 직방·다방·피터팬, 네이버 부동산, 셰어하우스 블로그들을 보며 강남의 주거 형태별 시세와 셰어하우스 현황 등을 파악했다. 광고가 거의 없고 블로그 홍보만으로도 만실인 것을 보니 운영이 잘되는 듯했다. 아예 강남지역만 하는 업체들도 있었고, 오픈 준비 중이라는 홍보 글만 써 놓아도 만실인 곳도 있었다.

그다음 셰어하우스용 집을 빌릴 때의 보증금과 월세가 얼마나 되는지, 어느 곳에 많은지, 입주자의 보증금과 월세는 얼마인지 알아보고 답사에 나섰다. 공인중개사와 약속을 잡았다.

강남역을 기점으로 직접 걸어다니면서 접근성이 가장 좋으면서 보증금과 월세가 높은 곳은 네이버 지도에 빨간색으로 표시했다. 두 번째로 좋은 입지는 주황색, 그리고 강남역에서 거리가 약간 떨어지고 월세가 10만원 정도 싼 곳은 파란색으로 표시했다. 지하철역까지 거리가 좀 차이가 나지만 세 곳 모두 도보로 다닐 만했다.

처음에는 강남역에서 가장 가까운 빨간색 입지 안으로 알아보았다. 당시 10년 넘은 다가구 투룸이 보증금 2,000만원에 월세 110만원 정도였고, 신축 빌라는 보증금 2,000만원에 월세가 125만원 정도였다. 신축 빌라는 엘리베이터가 있고 시설도 좋았지만, 방 크기가 오래된 다가구주택보다 작았다. 셰어하우스용 주택은 방이 작으면 1인실만 넣을 수 있어 수익성이 떨어진다.

네이버 지도에 지하철과의 접근성, 보증금과 월세를 감안하여 1순위 빨간색, 2순위 주황색, 3순위 파란색으로 표시한 뒤 답사했다.

쓰리룸은 보증금 2,000만원에 월세가 150만원 정도였다. 문제는 강남의 중심지역은 다가구나 빌라를 원룸 형태로 많이 짓는다는 것이다. 원룸이 많고, 투룸이 조금 있고, 쓰리룸은 거의 찾아보기 힘들었다. 상가주택이나 가능한 정도였다. 매물도 거의 나온 게 없었다.

그다음 입지인 주황색 안 지역을 살펴보았다. 1순위 입지보다 월세가 5만원 정도 낮을 뿐이었고 매물이 거의 나오지 않는 상태였다.

이제 범위를 넓혀서 파란색 입지인 양재와 역삼역 쪽으로 내려갔다. 이쪽은 상가나 빌딩들이 거의 없고 주택가라서 빌라나 다가구주택이 많았고, 매물도 강남역 근처보다 두 배 정도 많았다.

여러 공인중개사 사무실을 발품을 팔며 찾아다닌 결과, 이 지역은 공인중개사 사무실에서 관리하는 건물들이 많다는 것을 알게 되었다. 오래된 다가구들이 많긴 했지만 관리도 비교적 잘되어 있었고 깨끗했다. 게다가 방들도 크기가 큰 편이었다. 방마다 2인실 이상을 만들 수 있을 것 같아 희망이 보였다.

당시 시세는 보증금 2,000만원에 월세 100만원 정도였다. 주변의 원룸은 보증금 1,000만원에 월세가 70~80만원 수준이었다. 원룸 월세를 혼자 내려면 부담스러운 가격이지만 그마저도 나온 매물이 거의 없었다. 강남의 인기를 또 한번 실감한 순간이었다. 그래도 마침 맘에 드는 집을 발견했다.

셰어하우스용 주택의 주변도 점검하자

이제 집을 찾았으니 직접 셰어하우스를 방문한다는 심정으로 역삼역과 강남역으로 걸어가 보았다. 시간을 재어 보니 도보로 역삼역까지 10분 정도 걸렸고 강남역까지는 15분이 걸렸다. 버스는 집 앞으로 수시로 다녔다.

강남역으로 가는 길을 걸어가 보니 주택가 이면도로로 길이 넓은 편이었고, 상가주택들이 많다 보니 곳곳에 예쁜 카페와 맛집들이 있어서 걸어다녀도 무섭지 않았다. 강남은 어딜 가든 모든 편의시설이 갖춰져 있어 월세 가격이 높아도 살려고 하는 것이다.

줄자로 꼼꼼히 재어 도면을 그리다

마음에 드는 집을 방문하여 줄자로 방이나 거실, 주방, 화장실 문 등의 크기를 꼼꼼히 잰 다음에 도면으로 그렸다(6장 참고). 이렇게 하면 가구나 가전제품을 도면에서 미리 이리저리 배치해 볼 수 있기에 나중에 세팅할 때 편하다. 어림짐작으로 했다가는 의외로 가구가 다 안 들어가는 경우가 있다. 또한 계약 전에 몇 인실로 어떻게 구성할지 정하고 수익률을 계산할 때도 유용하다.

강남점은 2인실과 3인실로 구성했다. 2인실은 공간 활용을 위해 벙커 침대를 넣었다. 강남은 직장인들 위주로 문의가 많이 오고 입주자들이 계약직 직장인이 많다 보니 단기로 운영 중이다.

강남점

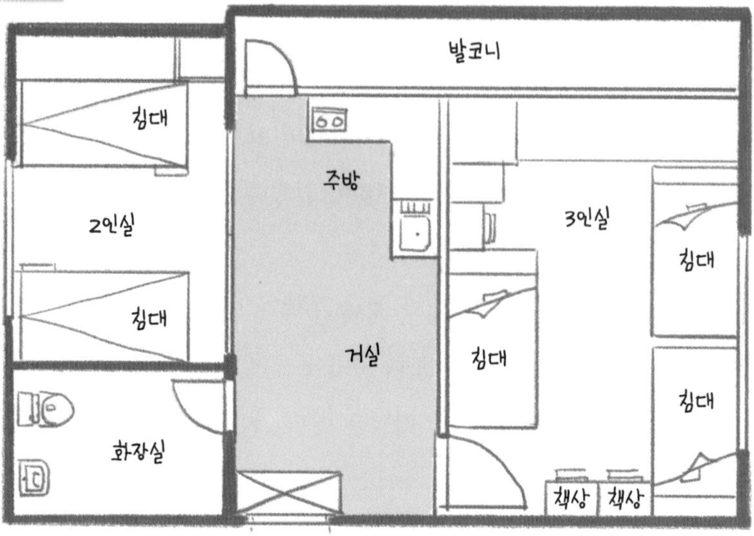

입주자 총 보증금 350만원 / 월세 164만원

기본사항

- **콘셉트:** 아늑하고 조용한 분위기의 직장인 셰어하우스
- **운영방식:** 전대차로 운영
- **교통:** 역삼역, 강남역 사이, 강남역 도보 10분, 양재역 도보 15분, 버스
- **주택 형태:** 20평대 주택
- **룸 타입/정원:** 방 2개(2인실 1개, 3인실 1개), 화장실 1개 / 정원 5명
- **입주자 형태:** 직장인
- **입주자 월세:** 2인실 33~38만원, 3인실 27~30만원
- **인테리어 및 특이사항:** 전대차로 운영하려고 했기 때문에 인테리어가 거의 다 되어 있는 집으로 구했다.

수익률 높이는 인테리어

- 전대차는 월세로 집을 빌려서 운영하는 형태라 투자금을 많이 들이지 않는 게 좋다. 수리가 거의 다 되어 있는 집으로 구해야 한다.
- 방마다 LED 조명 셀프 교체
- 안락한 느낌의 암막커튼 전체 셀프 설치
- 아늑하고 포근한 2층 벙커침대, 커텐으로 칸막이를 구분했다.

수입: 보증금 350만원, 월세 164만원

지출: 보증금 1,000만원, 월세 80만원, 세팅비 500만원

입주자들에게 받는 월세 164만원에서 집을 빌린 월세 80만원을 낸다 해도 84만원의 수익이 생긴다. 전대차의 좋은 점은 총 투자금액이 작다는 것. 보증금 1,000만원에 가구와 모든 세팅비 500만원을 합쳐도 1,500만이면 셰어하우스 창업이 가능하다. 그것도 빠른 시일 안에 내가 원하는 곳에서!

2인실은 벙커침대를 놓았는데 입주자들의 만족도가 높았다

04

젊은 직장인 수요를 잡아라 -두정점

두정점은 가장 최근에 전대차로 오픈한 곳이다. 48평 아파트로 새 학기가 시작되고 3월 중순에 오픈했지만, 미리 대기자가 있었고, 두정역에서 도보로 5분 거리라서 직장인들 수요도 있었다.

직장인들은 주로 1인실을 원해서 1인실을 반, 2인실 이상을 반으로 비슷하게 세팅했다. 비교적 신축 아파트라서 인테리어가 별로 필요 없었고 입주청소와 부분 도배만 하고 입주 신청을 받았는데, 집이 너무 깨끗하고 예쁘다고 다들 바로 계약했다.

기본사항

- **콘셉트**: 쾌적하고 모던하며 도시적인 셰어하우스
- **운영방식**: 전대차로 운영
- **교통**: 두정역 도보 5분, 대학의 셔틀버스 정류장 도보 3분
- **주택 형태**: 48평 아파트
- **룸 타입/정원**: 방 4개(1인실 2개, 2인실 1개, 3인실 1개), 화장실 2개 / 정원 7명
- **입주자 형태**: 대학생, 직장인 반반
- **입주자 월세** : 1인실 33~35만원, 2인실 28~30만원, 3인실 25~27만원
- **인테리어 및 특이사항**: 2인실에 자바라 설치. 커튼, 답답한 가구를 이용한

가림막보다 효율적이다. 소음에도 강하고 접었다 폈다 할 수 있어서 입주자들이 좋아한다.

수익률 높이는 인테리어

- 전대차로 운영할 곳은 인테리어 비용이 들어가지 않는 곳을 구해야 한다.
- 비교적 신축 아파트라 인테리어를 따로 할 필요가 없었고 내부시설도 잘되어 있었다. 오래된 집은 인테리어가 되어 있는 곳을 찾아야 하지만, 힘들다면 신축이나 신축에 가까운 아파트를 찾는 것도 방법이다.
- 방마다 LED 조명 셀프 교체
- 2인실에 자바라를 설치하여 커튼보다 더 프라이빗한 느낌을 만들어 주었다(20만원). 입주자들도 만족 중.
- 따뜻한 느낌의 암막커튼 전체 셀프 설치
- 모던한 느낌의 소파, 카펫, 심플한 테이블

심플한 소파와 분위기 있는 티테이블 공간. 입주자들에게 인기 있는 공간이다.

쾌적하고 모던한 느낌의 인테리어로,
입주자들이 집이 깨끗하고
예쁘다고 좋아한다.

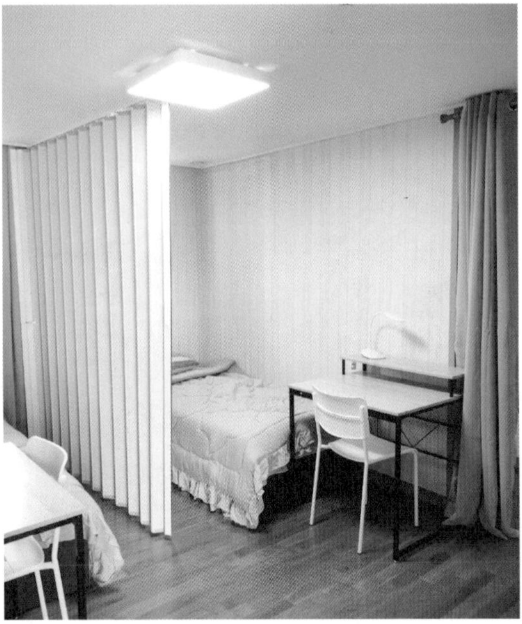

자바라를 설치한 2인실. 프라이버시와 공간 활용도 면에서 입주자들이 만족해한다.

05 셰어하우스 사업자 신고하고 세금 납부하기

셰어하우스는 숙박업일까, 부동산 임대업일까?

셰어하우스를 운영하다 보면 세금 문제를 어떻게 처리해야 하는지 명확하게 알려주는 곳이 없다. 여기서는 셰어하우스와 세금 문제에 대해서 정리해 본다.

숙박업은 손님이 잠을 자고 머물 수 있도록 시설 및 설비 등의 서비스를 제공하며 영업을 한다(공중위생관리법 제2조 제1항 제2호). 주로 단기로 이용하는 시설로서 모텔·여관·호텔·에어비앤비 등이다.

반면 부동산 임대업은 우리가 익히 알 듯이 자기 소유 또는 임차한 부동산을 빌려주고 임대료를 받는다. 일반 부동산임대업, 주거용 부동산임대업 등으로 나뉘며, 주택임대업은 민간임대주택법의 적용을 받는다. 원룸·다세대·아파트 등을 임대한 경우에 해당한다.

셰어하우스를 운영하는 사람들에게 숙박업과 임대업의 구분은 매우 중요하다. 숙박업이냐 임대업이냐에 따라서 세금 차이가 매우 크기 때문이다.

숙박업의 경우 부가가치세가 부과되며, 숙박을 통해 얻은 모든 매출에 대해서 세금이 부과된다.

만약 셰어하우스가 숙박업에 해당된다면, 입주자들에게 받는 월세는 부가가치세가 포함되어 있는 것으로 간주된다. 입주자에게 월세를 20만원 받았다면, 실제 월세는 181,818원이고 부가가치세가 18,182원으로 수입이 10% 정도 줄어드는 셈이다. 반면 주택임대사업자는 면세에 해당하므로 부가가치세를 내지 않아도 된다.

셰어하우스는 개인공간을 제외하고 화장실·거실·주방 등을 거주자들끼리 공유하면서 생활할 수 있는 공간으로 내부에 가구·가전제품·공용비품 등이 구비되어 있으며 단기 거주도 가능하지만, 숙박업에는 해당하지 않고 주택임대업으로 본다(아직 이에 대해서 명확하게 법적으로 규정하고 있지는 않지만 말이다). 그래서 셰어하우스는 부가가치세를 낼 필요가 없다.

또한 숙박업은 전체 매출에 대해서 소득세가 부과되지만, 주택임대업의 경우는 2019년 현재 연소득 2,000만원 이하는 분리과세, 2,000만원 초과 시 합산된다. 따라서 셰어하우스가 숙박업인지, 주택임대업인지에 따라 세금이 크게 차이가 날 수밖에 없다.

셰어하우스 사업자등록 하는 법

셰어하우스는 대부분 소규모로 운영하기 때문에 그동안 사업자등록이나 세금에 크게 신경쓰지 않았다. 하지만 2019년부터는 국세청에 반드시 사업자등록 및 세금 신고를 해야 한다. 사업자등록을 할 때 업태는 '부동산업', 종목은 '임대업(일반주택임대)'으로 해야 한다.

국세청

nts.go.kr

사 업 자 등 록 증

(부가가치세 면세사업자)

등록번호 :

상 호 :

성 명 : 전 생 년 월 일 :

개 업 연 월 일 : 2018 년 11 월 20 일

사 업 장 소 재 지 : 경기도 화성시

사 업 의 종 류 : 업태 부동산업 종목 임대업(일반주택임대)

사업자현황신고 하는 법

개인이 셰어하우스를 운영하는 경우 매년 2월 10일까지 사업장 관할 세무소에 전년도 수입금액 및 사업장현황을 포함해 사업자현황신고를 해야 하고, 그 결과에 따라서 5월에 종합소득세를 내야 한다. 이때 수입금액에 미달하게 신고하면 수입금액의 0.5%를 '사업장현황신고 불성실 가산세'로 내야 하며, 제출기한 내에 사실과 다르게 기재한 경우 공급가액의 0.5%를 '보고 불성실 가산세'로 내야 한다.

사업자현황신고는 개인의 경우 국세청 홈택스에서 다음과 같이 하면 된다.

1. 국세청 홈택스에 로그인을 한 후에 상단 메뉴에 있는 〈신고/납부〉를 클릭한다.

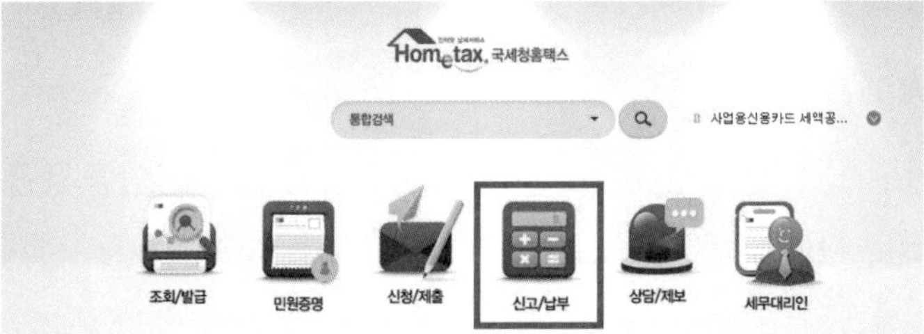

2. 신고/납부 화면이 열리면 '일반신고' 메뉴에서 '사업장현황신고'를 클릭한다.

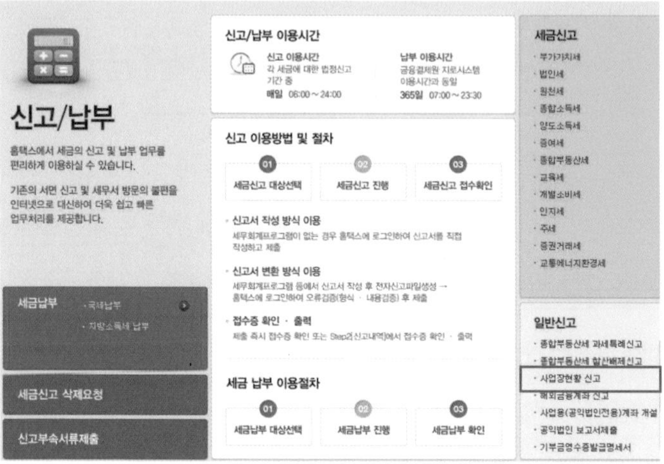

3. 사업장현황신고 화면이 열리면 '신고도움 서비스'를 클릭한다. 작성 사례는 153쪽과 같다. 이를 참고하여 작성하면 된다.

임대소득 신고 및 납부하기

셰어하우스에서 얻는 소득은 주택임대소득으로 본다. 주택임대소득의 경우 2019년부터 연간 2,000만원 이하는 분리과세로 14%를 부과하며, 2,000만원 초과 시는 다른 모든 소득과 통합되어 매년 5월에 종합소득세를 내게 된다.

셰어하우스 소득 외에 월급 · 이자 · 배당 · 사업 · 근로 · 연금 등을 받고 있거나, 기타 소득이 있는 사람은 세무사 사무실을 통해서 합산

■ 소득세법 시행규칙 [별지 제19호의7서식] <개정 2013.2.23>

주택임대사업자 수입금액 검토표

( )

1. 기본사항					
①사업자등록번호	135-90-*****	②상 호	[redacted]	③ 성명	[redacted]
④임대업등록번호	123-*****	⑤종 목	주거용임대	⑥업종코드	701102
⑦생 년 월 일	[redacted]	⑧전화번호		월세여부	[○] 여 [ ] 부

2. 총수입금액 명세(별지 작성 가능) (단위 : ㎡, 원)

구 분		⑨합 계	임대물건(1)	임대물건(2)	임대물건(3)
⑩주택소재지			수원 영통 ***	수원 영통 ***	수원 영통 ***
- 주택의 종류			다가구주택	다가구주택	다가구주택
⑪취득(신축)일자			2007.1.2	2007.1.2	2007.1.2
⑫건물면적			60	60	60
60임차인	⑬성 명		김**	이**	박**
	⑭주민등록번호		78[redacted]-******	68[redacted]-******	55[redacted]-******
⑮임 대 기 간			2015.1.1~12.31	2015.1.1~12.31	2015.1.1~12.31
임대계약내용	⑯보 증 금		30,000,000	40,000,000	30,000,000
	⑰월 세		200,000	400,000	300,000
⑱월세 수입금액		10,800,000	2,400,000	4,800,000	3,600,000
⑲보증금 등의 수입금액 (보증금3억원초과분의 60%에대한이자상당액)		0			
⑳임대료 수입금액 =(⑱+⑲)		10,800,000			

주택임대사업자에 대한 수입금액 및 기본현황을 위와 같이 신고합니다.

2018년 [redacted]월 [redacted]일

사 업 자 : 김 [redacted] (서명 또는 인)

세무대리인 : (서명 또는 인)

(관리번호)

동수원 **세무서장** 귀하

하여 세금을 신고하고 납부하는 것이 좋다.

주택 보유 호수별 임대소득 과세대상

비과세 대상 / 분리과세 / 종합과세

<table>
<tr><th>구분</th><th colspan="2">연 임대소득</th><th>전세</th><th>월세</th></tr>
<tr><td rowspan="3">1주택
보유자</td><td rowspan="2">공시가격
9억 초과</td><td>2천만원 초과</td><td rowspan="3">비과세</td><td>종합과세</td></tr>
<tr><td>2천만원 이하</td><td>분리과세</td></tr>
<tr><td colspan="2">공시가격 9억 이하</td><td>비과세</td></tr>
<tr><td rowspan="2">2주택 이상
보유자</td><td colspan="2">2천만원 초과</td><td rowspan="2">비과세</td><td>종합과세</td></tr>
<tr><td colspan="2">2천만원 이하</td><td>분리과세</td></tr>
<tr><td rowspan="2">3주택 이상
보유자</td><td colspan="2">2천만원 초과</td><td rowspan="2">비과세
(60m², 3억 이하)</td><td>종합과세</td></tr>
<tr><td colspan="2">2천만원 이하</td><td>분리과세</td></tr>
</table>

자료/관계 부처 합동

종합소득세율

과세표준	세율	누진공제액
1,200만원 이하	6%	0
1,200만원~4,600만원	15%	108만원
4,600만원~8,800만원	24%	522만원
8,800만원~1.5억원	35%	1,490만원
1.5억원~5억원	38%	1,940만원
5억원 초과	40%	2,940만원

06

셰어하우스 절세하는 3가지 방법

강의를 하거나 상담을 하다 보면 주택 임대소득을 신고하지 않는 분들이 간혹 있다. 그런 분들은 이렇게 물어보곤 한다. "셰어하우스는 신고 안 해도 되지 않나요?" 이에 대한 대답으로 다음 사항을 항상 이야기한다.

국토교통부는 2018년 9.13 부동산 대책 당시 임대사업자의 소득 및 세금에 대한 관리도 강화할 것이라고 발표했다. 특히 눈에 띄는 것은 임대등록시스템인 '렌트홈(LH)'과 '주택임대차정보시스템'인 RHMS의 구축이다.

즉, 주택임대차정보시스템과 국세청의 시스템을 통합하고, 지방자치단체 등과 함께 앞으로는 모든 임대소득에 대해서 추적 관리하겠다는 것이다.

임대사업자의 주택 보유 현황과 추정 임대료 등에 대한 모니터링을 강화하여 국세청에 자료를 제공하고, 임대사업자가 임대 의무기간 및 임대료 상한 규정(상승률 5% 이상 제한)을 제대로 지키고 있는지 정기 점검하여 위반할 경우 과태료를 강화할 예정이다. 그러므로 셰어하우스로 소득을 얻는 분들은 임대소득을 제대로 신고하고 세금을 내는 자세가 중요하다.

주택임대차정보시스템(RHMS) 구축 개념도

출처: 국토교통부

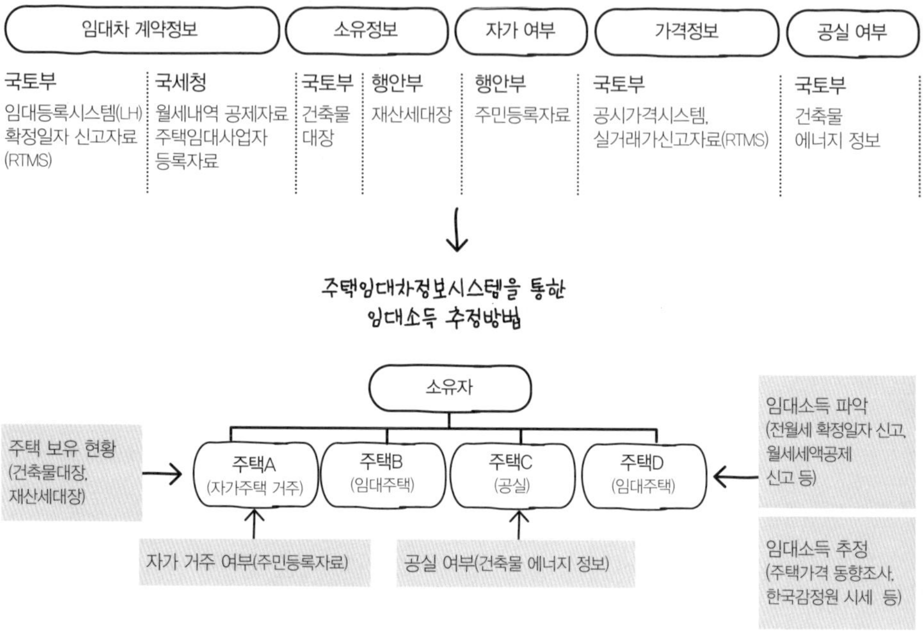

필요경비로 절세하는 3가지 방법

첫째, 자가든 전대든 셰어하우스 사업과 관련한 대출이 있다면 이자비용에 대해 필요경비로 인정받을 수 있다.

→ 은행에서 전년 1월 1일부터 12월 31일까지 이자비용에 대한 금융거래 확인서를 발급받아 세금신고 시 제출하면 된다. 금융거래 확인서는 은행에 요청하면 된다.

둘째, 공용물품, 소모품, 가구 및 가전제품 매입 비용도 비용으로 처리하여 필요경비로 인정받을 수 있다.

→ 사업자등록 후 은행이나 카드회사에서 사업자 전용 신용카드를 발급받거나, 개

인카드를 사업용 신용카드로 홈택스에 등록한 후 물품을 구입하면 된다. 현금으로 구입 시에는 영수증을 보관하거나, 구입비용에 대한 송금 내역 등을 세금신고 시 제출하면 된다.

셋째, 청소 아주머니, 관리인에 대한 인건비 비용도 필요경비로 인정받을 수 있다.

→ 일용직 신고 등을 통해 인건비를 신고하면 된다.

위와 같은 증빙자료를 세금신고 시 제출하여 전체 수입에서 필요경비를 공제한 후에 세금을 내면 절세를 할 수 있다.

셰어하우스를 운영하다 보면 입주자가 자기가 낸 월세에 대해서 현금영수증을 발행해 달라고 요청하는 경우가 가끔 있다. 현금영수증을 발행하게 되면 세금이 10%가 붙기 때문에 발행하지 말고, 입주자가 낸 월세는 연말정산 시 월세 소득공제가 가능하므로 월세 입금 내역으로 신고하면 된다고 설명해 주면 된다.

셰어하우스에서 인테리어는 매우 중요하다. 입주자에게 인기 있는 인테리어의 원칙, 구조 변경으로 수익률 높이는 법, 효과적인 인테리어 팁들을 소개한다.

5

Part

월세 높이는 인테리어

01

셰어하우스 인테리어의 5가지 원칙

셰어하우스 운영에서 인테리어는 매우 중요한 요소이다. 요즘은 입주자들의 눈이 많이 높아져서 화려하지는 않더라도 기본적으로 깨끗하고 깔끔한 이미지를 주는 것이 중요하다. 다만, 자가로 셰어하우스를 운영하는 경우에는 팔 때 인테리어 비용을 어느 정도 가격에 반영할 수 있지만, 전대차의 경우 초기에 인테리어 비용을 많이 써버리면 투자금 회수 및 수익률에 아주 안 좋은 결과를 미친다는 것을 기억하자.

한마디로 적은 비용을 들여 입주자들이 좋아할 만한 깔끔한 인테리어를 하는 것이 포인트이다.

5년 이내 신축 vs. 5년 이상 된 집

인테리어를 최소한으로 하기 위해서는 가능한 새집이 좋다. 5년 이내의 신축은 인테리어도 새것에 가깝기 때문에 가구·가전제품·소품만 신경 쓰면 된다. 도배 및 입주청소 정도만 하면 특별히 돈이 들 곳이 없다. 하지만 이런 집은 구하기가 쉽지 않다. 지은 지 5년 이상 된 집의 경우 화장실과 주방을 꼼꼼히 봐야 한다. 입주자 대부분이 여성인데 이들이 집을 구할 때 가장 관심을 가지고 보는 부분이기 때문이다.

전대차 셰어하우스라면 화장실 리모델링 금물

화장실과 주방은 리모델링에 돈이 많이 들어가므로 비교적 수리를 안해도 되거나 간단히 기물 정도만 교체하면 되는 집을 구하는 것이 좋다. 화장실 하나를 전체 리모델링 하려면 보통 180~200만원이 들어가므로, 화장실이 2개 있는 집이라면 360~400만원이 들어간다. 화장실 내의 기물만 바꾼다면 변기 15~20만원, 세면대 15~20만원, 화장실장 5~7만원 정도 든다. 화장실을 전체 리모델링을 해야 한다면 자가가 아니고서는 되도록 다른 집을 구하는 것이 좋다.

주방은 간단한 부품 교체와 시트지로 절약

주방은 일자형 주방과 ㄱ자형 주방, ㄷ자형 주방이 있으며, 전체 길이 1m 기준으로 100만원 정도 들며, 20~30평형은 보통 150만원, 40~50평은 250~300만원 정도 들어간다.

주방 씽크대는 상판이 중요하며, 인조 대리석인 경우 상태가 괜찮다면 간단히 장 손잡이를 교체하고 인테리어 시트지를 이용해서 셀프로도 수리가 가능하다.

LED 전등 셀프 교체는 기본

지은 지 5년 정도 된 집도 전등이 형광등인 경우가 많다. 거실의 등은 크고 내부 형광등인 경우가 많아서 전구만 갈아서 사용해도 괜찮지만, 입주자가 거주하는 방은 반드시 LED 전등으로 교체하는 것을 추천한다. 방이 환해 보여서 입주자들이 좋아한다.

인테리어 공정 순서를 알아야 뒤탈이 없다

인테리어는 반드시 다음 순서로 진행해야 뒷공정에 무리가 없고 하자가 생기지 않는다. 전체 공정을 진행 시 2~3주 정도 걸리며, 각 공정별 대략적인 시간은 다음과 같다.

인테리어 시공 순서 및 시간

1. 철거: 0.5~1일
2. 목공: 1~2일
3. 욕실 리모델링: 2~3일
4. 페인트 도장: 1~2일
5. 전기공사: 1일
6. 도배: 1 ~ 2일
7. 장판: 1일
8. 씽크대 설치: 1일
9. 청소: 1일

전체 공정을 인테리어 업체에 맡겨도 되지만 비용이 많이 든다. 셰어하우스는 일부 공정들만 진행하므로 순서에 맞게 필요한 부분만 전문업체에 맡겨도 된다.

02

평수별 셰어하우스 인테리어 비용 한눈에 보기

인테리어 비용은 실거주용과 임대, 셰어하우스용에 따라 차이가 크다. 업체에 따라서 같은 평수라도 심하게는 2배 정도 차이가 나므로 반드시 몇 군데를 비교해 봐야 한다. 인테리어 비용을 과도하게 쓰면 수익률이 떨어지므로 최대한 가성비를 따져야 한다.

나는 셰어하우스를 운영하기 전에 오랫동안 임대사업을 해왔기에, 최소한의 비용으로 최대의 효과를 줄 수 있는 콘셉트와 인테리어 업체들을 각 지역마다 리스트로 만들어 두고 필요할 때마다 활용하고 있다.

인테리어 공사는 각 공정별로 전문업체에 따로 맡길 수도 있고, 종합 인테리어 업체에 일괄로 맡기는 방법도 있다. 한두 가지 공사만 할 때는 각 공정별 전문업체에 맡기는 것이 좋지만, 전체 공사가 필요할 때는 임대용 인테리어 경험이 많은 종합 인테리어 업체에 맡기는 것이 마무리까지 깔끔하게 하고 공정별 책임 소재를 없앨 수 있다. 종합 인테리어 업체는 추가 서비스로 빨래건조대, 방문 손잡이, 베란다 수전 등을 교체해 주기도 한다.

평형별 임대용 인테리어 비용

항목	20평대	30평대	40평대	50평대	비고
욕실 리모델링	160~190만원	160~190만원×2	160~190만원×2	170~210만원×2	UBR 100만원 추가
주방 씽크대	140~160만원	170~200만원	200~250만원	200~250만원	
장판	40~60만원	60~70만원	70~90만원	90~120만원	
도배	60~70만원	80~100만원	120~150만원	140~180만원	
페인트	80~100만원	120~130만원	120~140만원	130~160만원	
조명, 콘센트	30~40만원	40~50만원	50~60만원	50~60만원	
철거 폐기물	70~100만원	70~100만원	90~120만원	90~120만원	
보일러	45~60만원	45~60만원	60~70만원	60~70만원	
비디오폰	15~30만원	15~30만원	15~30만원	15~30만원	

* 화장실 리모델링 비용은 1개 기준이다. 30평 이상은 화장실이 2개 이상이므로 개수만큼 해당 비용을 추가해야 한다.

03 방 추가 인테리어로 수익률 높이기

인테리어를 잘 활용하면 수익률을 높일 수 있다. 대형 아파트는 공용 공간인 거실과 주방 등이 굉장히 넓은데, 입주자들이 동시에 이용하지 않기 때문에 그리 클 필요가 없다.

일반 가정집에서는 보통 거실에 소파와 커다란 TV가 있지만, 셰어하우스의 거실에는 TV를 두지 않는다. 소파와 티테이블을 놓을 공간만 있으면 된다.

입주자들은 거실을 잘 활용하지 않으며 주방에서도 기껏 2~3명 정도가 함께 식사를 하는 식이다. 이런 공간을 잘 활용하면 대형 평수의 경우 거실에 1인실을 1~2개, 주방에 1개를 추가로 만들 수도 있다.

우리는 경매로 낙찰받아 운영하는 자가 셰어하우스에 방을 추가로 만들었다. 입주자들이 가장 선호하는 1인실을 추가해 수익률을 높인 것이다. 그 노하우를 소개한다.

방을 몇 개 만들지 정한다

1인실은 침대 · 책상 · 행거 등을 배치하기 위해서 최소한 길이가 2.5m, 폭이 1.5m 정도는 되어야 한다. 1인실을 만들 때는 거실의 비디오폰, 스위치 등의 위치에 주의해야 한다. 문은 바깥쪽으로 열리는 방향으로 하는 것이 좋다.

시공 자재를 선택한다

석고보드, 목공 등은 깔끔하긴 하지만 공사시간이 많이 걸리고 가격이 비싼 편이므로, 대부분 랩핑 칸막이를 이용한다. 랩핑 칸막이는 표면에 원목 무늬의 인테리어 필름이 코팅되어 있다. 도배나 페인트 등 따로 마감작업이 필요 없고 적은 비용으로도 인테리어 효과를 볼 수 있으며 단열이 우수하고 시공도 간편하다.

워시오크

월넛

체리

화이트오크

공사업체에 현장 확인 및 견적 요청

인테리어 업체에 문의 후 현장 확인을 요청한다. 이때 시공 위치, 시공 시 조명 및 스위치, 콘센트 설치 등을 꼼꼼하게 요청해야 하며, 베란다 쪽 창과 연결이 안 되는 방은 창문을 시공해야 한다. 주방 등 공간의 철거가 필요한 경우는 철거 및 마감 작업까지 한꺼번에 부탁하는 것이 좋다.

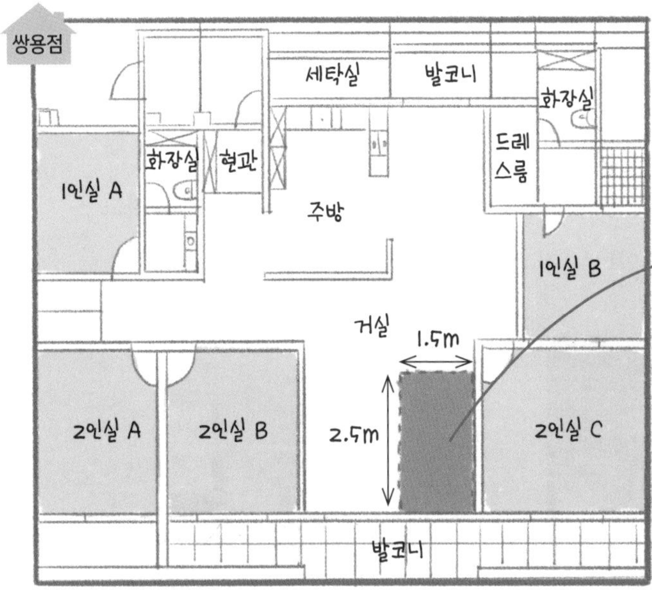

거실에 1인실을 1개 추가했다. 시공비용 90만원, 월세 30만원을 더 받을 수 있다.

아일랜드 식탁 및 붙박이 냉장고를 철거하여 출입구를 만들고 오른쪽으로 1인실을 추가했다. 시공비 190만원, 인테리어 후에 1인실 3개를 추가하여 88만원의 월세를 더 받게 되었다.(30만원×2+28만원=88만원)

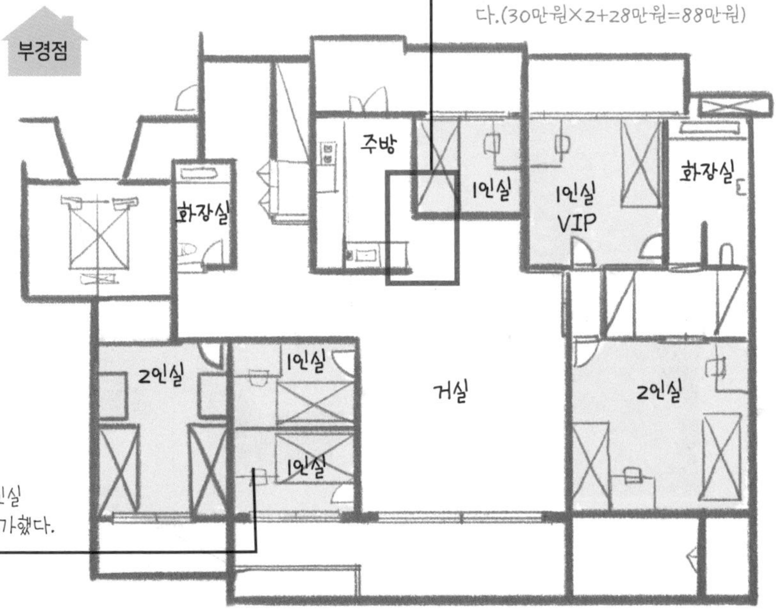

거실에 1인실 2개를 추가했다.

시공 날짜 잡고 시공하기

공사 내용 및 견적서가 확정되면 공사를 발주한다. 자재 준비는 보통 3~7일 정도가 걸리고, 시공 시간은 방 1개 기준 1인실은 3~5시간, 방 3개 기준 2인실은 5~7시간 정도가 걸린다. 시공 시에는 제대로 하고 있는지 꼼꼼하게 확인하는 것이 좋다.

04

소액으로 효과 만점, LED 전등 셀프 교체

지은 지 5년 정도 된 집도 전등이 형광등인 경우가 많다. 거실등은 크고 내부 형광등이 많아서 전구 정도만 갈아서 사용해도 괜찮지만, 입주자가 거주하는 방은 반드시 LED 전등으로 교체하는 것을 추천한다.

일반 형광등은 몇 년이 지나면 방이 어두워 보이고 내부 전구만 교체해서는 별 소용이 없다. LED 전등으로 교체하면 환하고 새집 같은 분위기가 연출된다. 셀프로 간단히 교체할 수 있으며, 요즘은 LED 전등이 저렴해졌기 때문에 3~4만원이면 50W 제품을 구매할 수 있다.

LED 전등을 교체하는 요령은 다음과 같다.

1. 전등 스위치를 내린 상태(OFF)에서 사다리를 이용해서 기존 전등을 분리하고, 전선을 빼고 고정 브라켓을 제거한다.

2. 새로 산 LED 전등용 브라켓을 천장에 고정시킨 후에 LED 전등을 브라켓에 위치를 맞춰서 천장에 고정시키고 전선을 연결해 주면 된다.

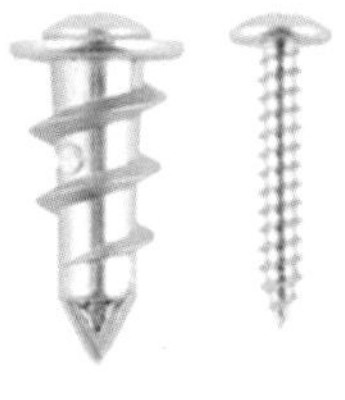
앙카

천장이 석고보드인 경우에는 천장에 브라켓 설치 시 나사를 그냥 고정하면 쉽게 빠지므로, 석고 앙카를 먼저 설치한 후에 나사를 앙카 속으로 돌려넣어 고정시키면 된다.

3. 벽에 붙어 있는 화장실등은 25W 제품으로 교체할 수 있으며 금액은 2만 5,000원~3만원 정도이다.

4. 현관 센서등은 인테리어형과 일반형이 있다. 인테리어형은 2만 5,000원~4만원, 일반형은 1만 5,000원~2만원 수준이다. 전등을 교체하는 요령은 기본적으로 방등과 같으며, 화장실과 현관 센서등은 석고 앙카피스가 필요 없다.

전등은 실제로 교체해 보면 어렵지 않지만 여성이나 처음 해 보는 분들은 어려울 수 있다. 이럴 때는 근처 인테리어 업체나 전기업체에 맡겨도 되며, 전체 등 교체 시 20~30평대는 35~40만원, 40~50평대는 50~70만원이 든다.

05
셰어하우스에 꼭 맞는 도배, 장판, 페인트 선택 요령

셰어하우스용 도배는 밝은색이 좋다

셰어하우스는 기본적으로 밝은색으로 도배하는 경우가 많다. 전대차의 경우 집주인에게 요청하면 해 주기도 한다. 자가로 운영하거나 집주인이 도배를 해 주지 않으면 최소한의 비용으로 하는 것이 좋으며, 보통 20~30평대는 소폭합지, 40~50평대는 장폭합지로 한다. 실크 벽지는 비싸기 때문에 적합하지 않다.

대부분 라이트 그레이(Light Gray) 색상이 환하고 깔끔한 느낌을 주며 천장까지 같은 제품으로 하면 무리가 없다. 반드시 전등, 콘센트, 스위치 등을 교체한 후에 해야 한다. 도배 후에 전등을 교체하면 도배지가 찢어지거나 흠집이 날 수 있다. 20평대는 소폭합지 기준 70만원, 30평대는 100~120만원, 40~50평대는 140~170만원 정도 든다.

셰어하우스 바닥은 장판이 편하다

바닥은 되도록 상태가 나쁘지 않으면 그대로 두는 것이 좋고, 오래되거나 찢어진 곳이 많으면 교체하는 것이 좋다.

장판은 전대차를 하더라도 집주인이 거의 교체해 주지 않는 경우가 많아서 직접 비용을 부담해야 하며 가격은 30평 기준 80만원 수준이다.

셰어하우스용 바닥은 흰색 계열의 마루색을 많이 사용한다.

기존에 마루가 깔려 있는 곳은 철거한 후에 장판을 깔아야 하는데, 철거 비용이 비싸므로 아주 심하게 손상된 부분이 없으면 그냥 마루로 놔두는 것이 좋다. 마루 위에 장판을 그대로 깔면 나중에 습기가 배출되지 않아서 썩기 때문에 주의해야 한다.

장판은 도배와 어울리는 색으로 선택하는 것이 좋으며 흰색 계열의 마루색을 많이 사용한다. 도배 및 장판은 인테리어 업체보다는 지업사 등 벽지 전문 판매점에 의뢰하는 것이 좋다.

셰어하우스 페인트칠은 흰색이 무난하다

전대차의 경우에는 페인트칠까지는 되도록 안하는 게 좋으나 필요하다면 직접 셀프로도 할 수 있다. 10년 전쯤에는 내부 몰딩이나 문에 체리색을 사용하는 경우가 많았다. 도배를 밝은색으로 새로 했는데 몰딩이나 문이 체리색이면 오래되고 촌스러워 보일 수 있다. 이런 경우 기술자가 아니라도 흰색이나 밝은 회색으로 페인트칠을 해 주면 집이 환하고 세련되어 보여 입주자들이 좋아한다.

페인트칠은 도배, 장판 시공 전에 해야 한다. 문, 문틀, 몰딩 등은 유성페인트로 칠해야 하며 준비물로는 젯소, 붓, 페인트, 신나, 롤러,

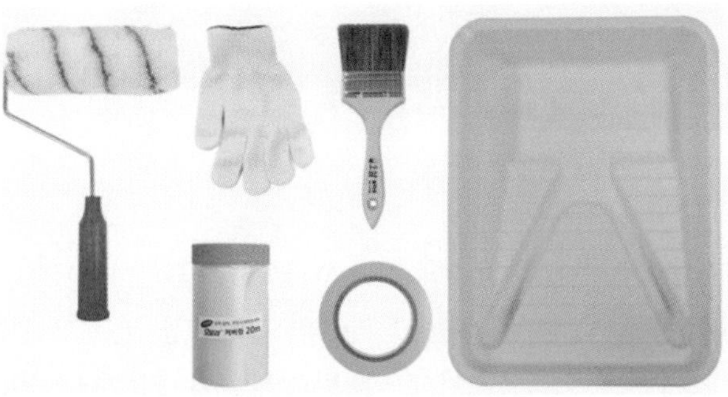

페인트 도구들　　『독일병정의 월세 더 받는 똑똑한 부동산 인테리어』 제공

트레이, 커버링 테이프 등이 있다.

1. 먼저 문 등의 손잡이를 제거하고 커버링 테이프를 붙인 후 기존 나무 부분에 페인트가 잘 먹도록 하는 젯소를 바른다. 젯소가 다 마르고 나면 롤러, 붓 등을 이용해서 페인트를 칠하면 된다.
2. 페인트는 한번 칠하고 마른 후 다시 칠하는 식으로 2~3번 정도 칠하는 것이 좋다.

화장실과 주방은 수리에 많은 비용이 들어가므로, 수리를 안 해도 되거나 간단히 기물 정도 교체하면 되는 집을 구하는 것이 중요하다.

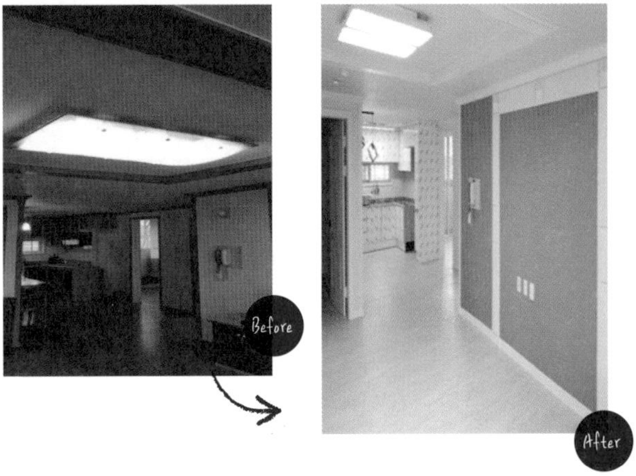

알돈신잡- 스위치, 콘센트, 실리콘 셀프 교체

셰어하우스를 관리하다 보면 스위치나 콘센트 등을 간단히 교체할 일이 생긴다. 수리기사를 부르면 몇 만원을 드려야 하므로 이 정도는 셀프로 간단히 교체하는 것이 좋다. 어려워 보이지만 한 번만 해 보면 다음부터는 10분이면 뚝딱 할 수 있다. 여기의 내용과 사진은『독일병정의 월세 더 받는 똑똑한 부동산 인테리어』의 저자인 김종민 님이 도움을 주셨다.

스위치 셀프 교체하기

1. 배전기함의 차단기를 찾아서 내리고 작업을 해야 한다. 차단기를 내리지 않고 작업하다가는 전기감전 등의 사고가 날 수 있다.

2. 스위치를 교체할 때는 반드시 면장갑을 착용해야 한다. 교체 후에는 차단기를 다시 올리고 불이 들어오는지 확인한다.

필요 공구: 일자드라이버, 전동드라이버, 커터칼, 면장갑 등

『독일병정의 월세 더 받는 똑똑한 부동산 인테리어』 제공

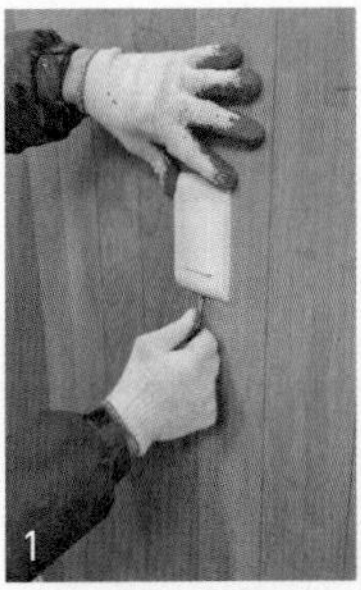

① 스위치 커버 하단에 있는 작은 홈에 드라이버를 집어넣고 살짝 들어올려 본체와 분리한다. 이때 스위치가 파손될 수 있으니 천천히 들어올려야 한다.

② 전동드라이버로 나사못을 풀고 본체를 양쪽으로 천천히 잡아당겨서 꺼낸다.

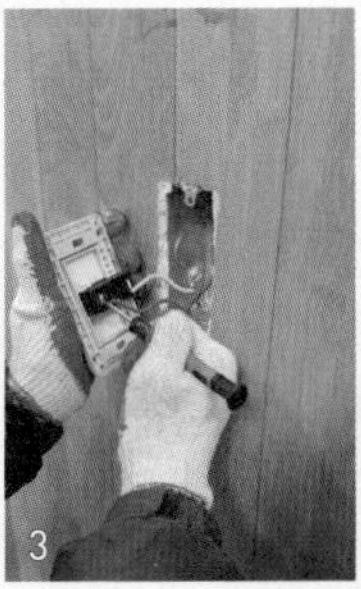

③ 일자드라이버로 직사각형의 홈에 있는 하얀 부분을 눌러서 공통선(노란색 또는 하얀색, 검은색: 집에 따라 틀림)과 조명선을 분리한다. 이때 두 선이 붙지 않도록 유의한다. 자칫하면 합선이 될 수 있다.

④ 종전 스위치를 분리한 후 새 제품을 기존 전선에 하나씩 끼운다. 이때 구리선이 '딸깍' 소리가 나야 제대로 끼워진 것이다. 제대로 끼우지 않으면 나중에 누전이 될 수 있다.

⑤ 스위치에 연결된 선들을 벽 안으로 잘 정리해 밀어넣는다. 이후 나사를 다시 구멍에 넣어 고정한다.

⑥ 커버를 아래쪽으로부터 위쪽 방향으로 닫는다. 이때 커버의 위아래가 바뀌어 브랜드 이름이 뒤집히지 않도록 주의한다.

⑦ 완성된 모습

콘센트 교체하기

콘센트 시공을 할 때는 스위치 교체와 마찬가지로 배전기함의 전원을 반드시 내린 상태에서 작업을 시작해야 한다.

필요 공구: 일자드라이버, 전동드라이버, 커터칼, 면장갑

『독일병정의 월세 더 받는 똑똑한 부동산 인테리어』 제공

① 일자드라이버를 커버 하단에 있는 작은 홈에 집어넣고 지렛대처럼 천천히 들어올린다.

② 전동드라이버로 나사못을 푼다.

③ 본체를 양쪽에서 천천히 잡아당겨 벽에서 분리한다. 이때 본체 작은 직사각형의 하얀 부분을 드라이버로 눌러주면서 전선을 빼내야 한다. 전선들이 서로 닿지 않게 주의한다.

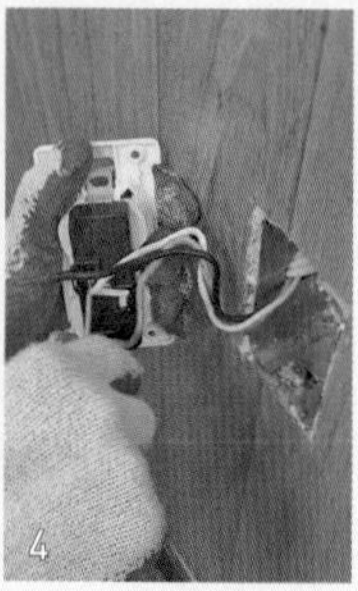

④ 새로운 콘센트에 기존과 같은 방식으로 전선을 끼워 넣는다. 이때 구리선이 보이지 않도록 해야 한다.

⑤ 콘센트에 연결된 선들을 벽 안으로 잘 정리해 밀어넣고, 본체를 벽에 완전히 밀착시켜 밀어넣는다. 딸깍 소리가 나야 한다.

⑥ 전동드라이버로 나사를 조인 다음 커버를 덮으면 교체 작업이 끝난다.

⑦ 완성된 모습

문 손잡이 교체하기

문 손잡이는 레버형 손잡이(1번), 래치볼트(2번), 손잡이 커버(3번), 래치(4번), 캐치박스(6번), 나사와 잠금장치(7번)로 구성되어 있다. 여기서 핵심은 래치볼트이다. 래치볼트는 문이 잠기거나 열릴 때 스프링 작용을 하는 자물쇠의 볼트 부분을 말한다.

필요 공구: 전동드라이버, 일자드라이버

『독일병정의 월세 더 받는 똑똑한 부동산 인테리어』 제공

① 해체된 손잡이 안으로 래치볼트를 밀어넣는다. 이때 잠금장치가 있는 쪽(원형 홈)이 방 안쪽으로 위치하도록 해야 한다.
② 래치와 래치볼트를 고정하고 손잡이를 밀착시킨다.
③ 캐치박스와 캐치를 고정하고 손잡이 커버를 씌운다.
④ 잠금장치를 돌려서 넣어주면 손잡이 교체가 완료된 것이다.

실리콘 시공하기

실리콘은 우리가 화장실이나 싱크대 등에서 자주 보는 것으로 주로 틈새에 사용한다. 실리콘은 크게 바이오실리콘과 무초산형 실리콘이 있다.

바이오실리콘은 욕조 · 타일 · 세면대 틈새의 조인트 씰링 부위나 기타 곰팡이 번식이 우려되는 곳에 사용한다. 무초산형 실리콘은 새시 틀과 유리 사이, 싱크대의 틈새, 걸레받이와 벽 사이 등에 사용하는데 백색 · 투명 · 반투명 · 블랙 등 여러 색상이 있다.

필요 공구: 실리콘, 실리콘꼭지, 실리콘건, 커터칼

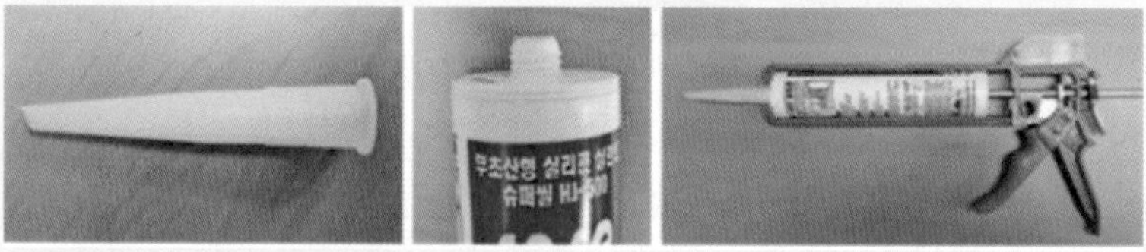

왼쪽부터 실리콘꼭지, 실리콘, 실리콘건

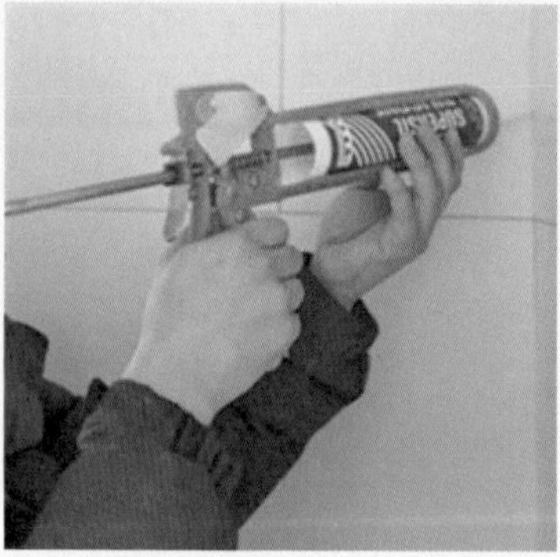

① 실리콘을 시공할 곳의 먼지나 이물질을 제거한다.
② 실리콘꼭지의 헤드 부분을 45도 각도로 잘라낸 뒤 실리콘 구멍에 끼운다.
③ 실리콘을 실리콘건에 끼운다.
④ 한 손으로 실리콘건을 받치고 실리콘 시공을 한다. 이때 실리콘건을 너무 눕혀서 시공하면 실리콘이 벌레가 기어가듯 삐뚤빼뚤해진다. 실리콘건을 세워서 일정 간격으로 쏘아야 깔끔하게 시공된다.
⑤ 실리콘을 다 쓴 후에는 헤라를 이용하여 깨끗하게 마무리한다.

06

셰어하우스 화장실 & 주방 인테리어 핵심 포인트

화장실과 주방은 수리에 많은 비용이 들어가므로, 수리를 안해도 되거나 간단히 기물 정도만 교체하면 되는 집을 구하는 것이 좋다. 자가 셰어하우스나 전대차라도 어쩔 수 없이 화장실이나 주방의 인테리어를 해야 할 경우 다음을 기억하자(사실 전대차로 셰어하우스용 집을 구할 때는 화장실과 주방이 낡아서 인테리어를 해야 한다면 계약을 안하는 게 좋은 선택이다.)

화장실 인테리어 포인트

셰어하우스의 화장실을 전면 인테리어를 할 경우 다음에서 소개하는 정도를 기억하면 된다.

먼저 화장실에 욕조를 넣을 것인지, 샤워부스를 넣을 것인지 결정한다. 셰어하우스라면 욕조보다 샤워부스로 하는 것이 좋다.

화장실 천장을 돔형으로 할 것인지, 평면형으로 할 것인지 결정한다. 돔형은 화장실이 조금 넓어 보이는 효과가 있다. 최근에는 평면형으로 하는 경우가 많은 편이다.

타일을 선택한다. 요즘 타일은 좀 큰 제품을 선호한다(200×200mm,

300×300mm).

무엇보다 화장실은 방수가 생명이다. 방수를 잘못하면 아랫집으로 누수가 되어 큰돈을 물어줘야 하는 일이 생길 수 있다.

인테리어를 맡길 때 방수 및 누수에 관련된 조항을 넣고 꼼꼼히 점검해야 한다. 자가 셰어하우스거나 반드시 화장실을 전체 리모델링을 해야 할 경우 화장실 1개당 180~200만원이 들며 2개라면 360~400만원이 든다.

입주자들은 화장실을 매우 중요시하므로 전대차로 셰어하우스용 집을 구할 때는 유의해 봐야 한다.

또한 화장실 전체를 리모델링 하지 않더라도 약간의 돈을 들여 간단한 기물이나 액세서리를 교체하는 것만으로도 인테리어 효과를 줄 수 있다는 것을 기억하자.

즉, 양변기·세면기·샤워기·욕실장 등 기물을 바꾸거나, 파티션·

휴지걸이·수건걸이·칫솔걸이 등의 액세서리를 예쁜 제품으로 교체하거나, 실리콘으로 깔끔하게 시공하는 것만으로 큰돈을 들이지 않고도 세련되고 깔끔한 화장실을 연출할 수 있다. 화장실 연출은 7장에서 소개하는 인테리어 사이트를 참고하거나 이케아 쇼룸을 둘러보면 도움이 된다.

주방 실속 리모델링

주방은 일자형 주방과 ㄱ자형 주방, ㄷ자형 주방이 있는데, 20~30평형대는 대체로 150만원 내외, 40~50평형대는 250~300만원 정도 들어간다.

주방 전체를 리모델링 하려면 돈이 많이 들므로 전대차라면 주방이 너무 낡은 집은 계약을 안하는 게 좋다.

그런데 지방은 전대차로 깔끔한 아파트를 구할 수 있지만, 서울의 경우 아파트 가격이 비싸서 빌라나 단독주택을 구하게 되는데, 신축건물은 보증금이나 월세가 비싸서 지은 지 좀 오래된 집을 구하게 될 수도 있다.

이런 경우 주방의 기물이나 액세서리를 간단히 교체하여 깔끔한 인테리어 효과를 줄 수 있는지를 고민해 보아야 한다. 이를테면 싱크대의 상판이 인조 대리석인 경우 상태가 괜찮다면 간단히 장 손잡이를 교체하거나 인테리어 시트지를 시공하는 것만으로도 인테리어 효과를 줄 수 있다.

싱크대의 문짝이 너무 낡았을 경우 문짝만 교체해도 된다. 하이그

로시로 교체하는 것이 고급스럽지만 가격이 좀 되는 편이다. 이런 경우 문짝에 인테리어 시트지를 붙이는 것도 좋은 방법이다.

LPM 하이그로시

또는 싱크대 문짝은 쓸 만하나 전체적으로 밋밋하다면 인터넷 쇼핑몰에서 예쁘고 특이한 장 손잡이만 구매해 교체해도 주방 분위기를 살릴 수 있다.

싱크대 상판이 낡았을 경우 인조 대리석으로 교체하는 것이 깔끔하고 세련되어 보이지만 좀 비싸고 설치작업도 복잡하다. 셰어하우스와 같은 임대용 주택의 경우 물에 강하고 가볍고 저렴한 스테인리스 상판

인조 대리석은 깔끔하지만 좀 비싸다.

PT 상판은 저렴해 임대용 주택에 자주 쓰인다.

스텐인리스 상판은 저렴해 내구성이 좋고 저렴해 임대용 주택에 자주 쓰인다.

이나 목재에 필름을 접착한 PT 상판을 사용하기도 한다. 여유가 되면 인조 대리석으로 하면 좋겠지만, 우리는 요즘 PT 처리된 제품을 많이 사용한다.

주방은 이처럼 전면 리모델링을 하지 않더라도, 싱크대 상판이 쓸 만하면 깨끗이 청소하고, 싱크대의 장 손잡이를 예쁜 것으로 교체하고, 인테리어 시트지를 싱크대 문짝과 주방 벽에 붙이는 것만으로도 깔끔하고 세련된 분위기를 연출할 수 있다.

평소 이케아 쇼룸이나 아파트 모델하우스, 각종 인테리어 사이트를 틈틈이 둘러보면 예쁜 셰어하우스를 세팅하는 데 큰 도움이 된다. 7장에서 소개하는 인테리어 사이트를 참고해 입주자들이 좋아할 만한 주방으로 꾸며보자.

막막하기만 한 셰어하우스 세팅 노하우를 공개한다. 세팅 목록 작성부터 배치까지 하나하나 차근차근 따라오면 어느새 도깨비 방망이처럼 뚝딱 한 채를 완성할 수 있다.

6

Part

하루 만에 멋지게 세팅하기

01 세팅 목록 만들기

셰어하우스 세팅은 집을 구한 후 가구와 가전제품, 인테리어 소품 등을 구입해서 적절하게 배치하는 것을 말한다. 어찌 보면 셰어하우스 사업이 다른 주택임대사업과 가장 다른 부분 중 하나라고 할 수 있다. 그냥 집만 임대하는 것이 아니라 원룸의 풀옵션에서 한 단계 더 나아가서 인테리어 소품부터 스탠드, 소모품, 가재도구, 인터넷, 정수기 등을 모두 갖추어 입주자들이 몸만 들어와서 생활할 수 있게 하는 것이다. 이것이 바로 셰어하우스의 특징이자 차별점 중 하나이다.

가구·가전제품·소품 리스트 작성하기

막막하기만 한 셰어하우스 세팅 노하우를 알아보자. 하나하나 차근차근 따라오면 어느새 도깨비 방망이처럼 뚝딱 셰어하우스 한 채를 완성할 수 있을 것이다.

먼저 현재 우리가 운영하고 있는 백석점의 세팅 목록표를 보자. 48평 아파트로서 방이 4개이고 총 7명이 거주한다. 가구·가전제품·소품 비용 등으로 모두 합해 500만원 정도가 들었다.

다음 표처럼 엑셀 워크시트에 방, 거실, 가전제품, 주방, 주방용품,

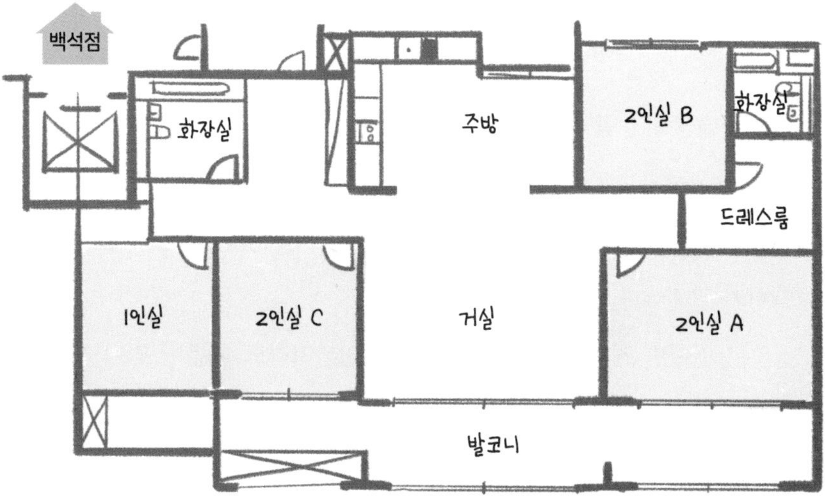

셰어하우스 세팅 목록표(백석점, 48평, 방 4개, 입주자 7명)

방	거실	가전제품	주방	주방용품	화장실	공용설치
침대	소파	냉장고	식탁	냄비	샴푸 및 비품	인터넷
책상	작은 테이블	세탁기	의자	프라이팬	락스	정수기
의자	책상(필요 시)	전자레인지	걸레	그릇	청소도구	
행거	그림(필요 시)	드라이기		컵		
스탠드(LED)		청소기		칼, 가위, 국자		
		밥솥		숟가락, 젓가락		
		에어컨		그릇 건조대		
180~200만원	40~50만원	200~250만원	20~25만원	15~20만원	3~5만원	입주자 부담

화장실, 공용설치 등으로 항목을 나누어 각각 필요한 목록을 작성하면 된다.

가격의 경쟁력! 눈품·손품·발품으로

같은 제품이라도 눈품·손품·발품에 따라 가격이 천차만별이다. 셰어하우스 운영은 투자금을 최대한 적게 들여서 수익률을 얼만큼 높게 내느냐가 관건이다.

직장인이면 저녁에 퇴근해서 잠들기 전까지라도 틈틈이 인터넷 쇼핑몰에 들어가 가격비교를 하며 가성비 좋은 제품을 찾아봐야 한다. 사이트마다 그때그때 이벤트도 하고 할인쿠폰을 주기도 하니, 이런 기회를 잘 이용하면 괜찮은 물건을 최저가로 구매할 수도 있다.

가구, 가전제품을 구매할 때는 가성비가 좋은 제품을 선택하는 것이 중요하다. 나는 가격 비교 사이트인 에누리 닷컴(www.enuri.com)이나 다나와(www.danawa.com)를 많이 이용한다. 셰어하우스 세팅 시간을 줄이기 위해서 주문 후 다음날 도착하는 쿠팡의 로켓배송도 많이 이용하는 편이다.

02

가구 세팅에도 순서가 있다

셰어하우스 세팅에서 가전제품이 사람의 몸이라고 한다면, 가구는 사람의 얼굴 같은 느낌이다. 가전제품은 무조건 가성비가 좋은 게 좋지만, 가구는 셰어하우스를 방문하러 온 사람들에게 첫인상을 좌우하므로 가성비와 아울러 인테리어 효과도 고려해야 한다.

모델하우스에 가보면 유독 가구에 신경을 많이 쓴 게 보인다. 가구를 별로 들여놓지 않고 공간을 비워둘 수도 있지만 그렇게 하지 않는다. 멋지게 배치된 가구들을 통해 자신들이 여기에 사는 모습을 상상하고 안락한 삶을 즐길 수 있겠구나 하는 생각이 들게끔 만들기 위해서이다. 모델하우스 가구의 또 하나 재미있는 점은 일반 가구에 비해 사이즈가 좀 작고 주로 흰색, 그레이 계통이 많다는 것이다.

가구는 큰 가구부터 먼저 배치하면 된다.

침대 → 책상 → 행거 → 협탁

침대는 서랍형 싱글이 무난 중요도 ★★★★★

침대는 공간 활용을 위해 가장 작은 사이즈인 싱글 침대가 좋다. 특히 2인실이나 3인실의 경우 침대가 두 개 이상에 책상도 들어가야 하므로 이왕이면 가구 하나에 다양한 기능이 들어가 있으면 좋다. 특히 셰어하우스 특성상 수납공간이 절대적으로 필요하므로 서랍형 침대를 많이 선택한다.

서랍형 침대 10만원대~

베드 테이블 침대는 사진이 잘 나온다

침대 옆에 따로 협탁을 놓지 않기 위해 베드 테이블 침대를 사용해 본 적이 있다. 그런데 마음대로 눕고 편하게 사용하기 위해서인지, 베드 테이블을 방의 빈 공간에 빼어 놓고 쓰는 입주자들이 많았다.

베드 테이블이 크다 보니 공간이 좁아 보이고 걸리적거리는 느낌이 강해서 셰어하우스에는 적합하지 않다는 생각이 들었다. 그래도 사진이 잘 나오고 디자인이 예뻐서 홍보하기에는 딱인 가구이다.

책상은 크지 않는 것이 좋다 중요도 ★★★★☆

책상은 침대를 먼저 놓고 나머지 공간에 두 번째로 세팅하는 가구이다. 침대와 더불어 셰어하우스에서 없어서는 안 되는 가구이기도 하다. 나는 침대를 놓고 남은 공간에 따라 책상 크기를 결정하는데, 대

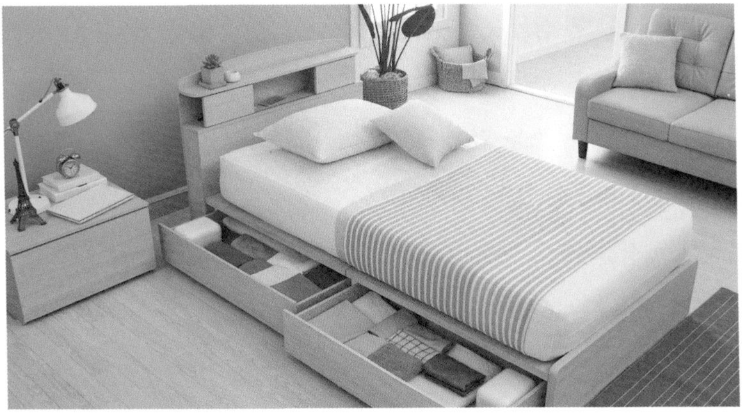

서랍형에 선반이 결합된 침대, 10~20만원대

부분 공간상의 문제로 작은 사이즈로 사서 놓는다.

다인실의 경우 작은 싱글 책상이 좋다. 특히 접이식 책상은 공간 활용도가 좋다. 다인실에서 입주자 공실 여부에 따라 접었다 폈다 할 수 있기 때문이다. 인테리어 책상은 예뻐서 사진을 찍었을 때 홍보 효과도 좋다. 여성 셰어하우스에서 인기가 높다.

싱글 작은 책상

접이식 책상

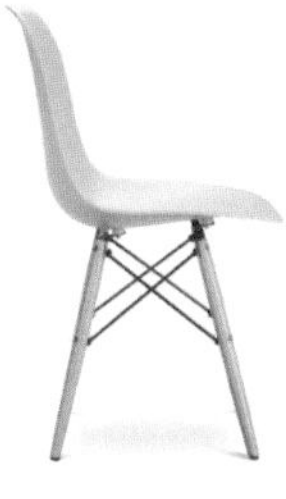

책상 의자

붙박이장이 없으면 싱글 옷장이나 행거로 중요도 ★★★☆☆

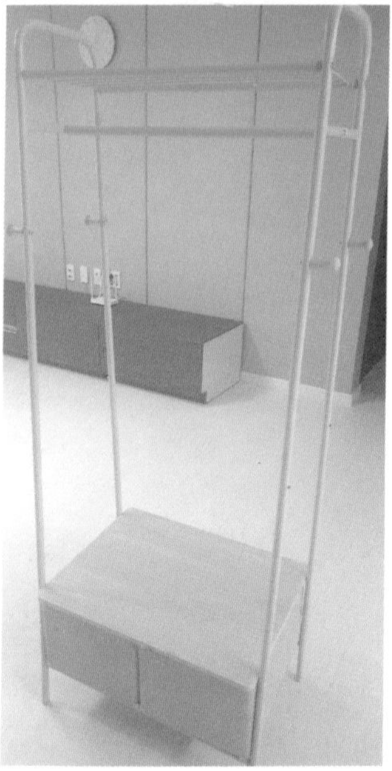
튼튼하고 활용도가 좋으며 인테리어 효과가 있는 선반 행거

아파트는 방에 붙박이장이 있는 경우가 많다. 셰어하우스용 집을 구할 때 붙박이장이 방마다 있는 곳이 좋다. 그래야 옷장을 따로 사지 않아도 되고 공간 활용도가 좋으며 집이 깔끔해 보이고 세팅비를 아낄 수 있다.

만약 옷장이 없다면 싱글 옷장이나 행거가 필요하다. 옆의 사진은 현재 우리가 운영하고 있는 셰어하우스에서 실제로 쓰고 있는 선반 행거이다.

가격이 저렴하며 내구성이 좋고 튼튼하다. 어떤 행거는 조립 후 흔들리고, 무거운 옷들을 걸면 자꾸 부서져서 결국 또 사야 하는 번거로움을 겪기도 한다.

서랍이 달려 있는 원목 느낌의 서랍 행거

하지만 이 행거는 위아래 선반이 있어 수납하기 좋고, 옷걸이가 달려 있어 가방이나 목도리를 걸기

입주자당 하나씩인 싱글 옷장. 만족도가 높다.

도 좋다. 아이보리색이라 인테리어 효과도 있다.

서랍 행거는 서랍처럼 생긴 수납장이 있어 깔끔하게 정리할 수 있고 무엇보다 튼튼하다. 원목 느낌이라 넓은 셰어하우스에서 고급스러운 느낌을 준다.

옆의 사진은 현재 운영하는 5호점의 싱글 옷장이다. 5호점은 붙박이장이 큰방에 하나밖에 없어서 작은방 2곳에 작은 수납장을 넣어주고, 방과 붙어 있는 거실에 싱글 옷장을 인원수대로 구비해 주었다. 옷장 문에 전신 거울까지 달려 있고 안이 깊어서 옷이 많이 들어가기 때문에 입주자들의 만족도가 높다.

03

돈 주고도 못 배우는 가구 배치 노하우

셰어하우스 세팅에서 가장 중요한 것 중 하나가 가구 배치이다. 가구 배치 방법에 따라 공간을 최대한 활용할 수 있을 뿐만 아니라 고급스러운 이미지를 연출할 수 있다. 셰어하우스는 방의 활용도가 중요하다. 1인실부터 다인실까지 가구를 다양하게 배치해 봄으로써 최적의 구성을 찾아 입주자들의 만족도를 높여보자.

입주자의 관점에서 보면, 방에 들어가는 침대의 배치가 무엇보다 중요하다. 보통은 침대를 먼저 구입해서 이리저리 위치를 옮겨보며 세팅을 하려 한다. 이는 침대가 1~2개일 때는 가능하지만, 5개 이상이 되면 옮기는 데 시간과 힘이 많이 든다. 최소의 시간과 노동으로 최적의 가구 배치를 하는 방법을 알아보자.

우리는 셰어하우스용 집을 계약하기 전에 그 집의 구조를 자세히 파악한다. 보통은 계약 후에 가구 세팅을 생각하지만, 우리는 계약 전에 그 집의 도면을 그려서 가구를 미리 배치해 보기도 한다. 이것은 1인실을 만들지, 다인실을 만들지를 결정하는 데도 매우 중요하다.

1단계 치수 측정하기

아파트의 평면도는 네이버 부동산 등에서 쉽게 찾을 수 있다. 미리 웹사이트의 평면도를 다운받아서 그것을 참고하여 도면으로 다시 그린 다음에 침대, 책상 등의 가구를 배치해 보면 여러모로 유용하다.

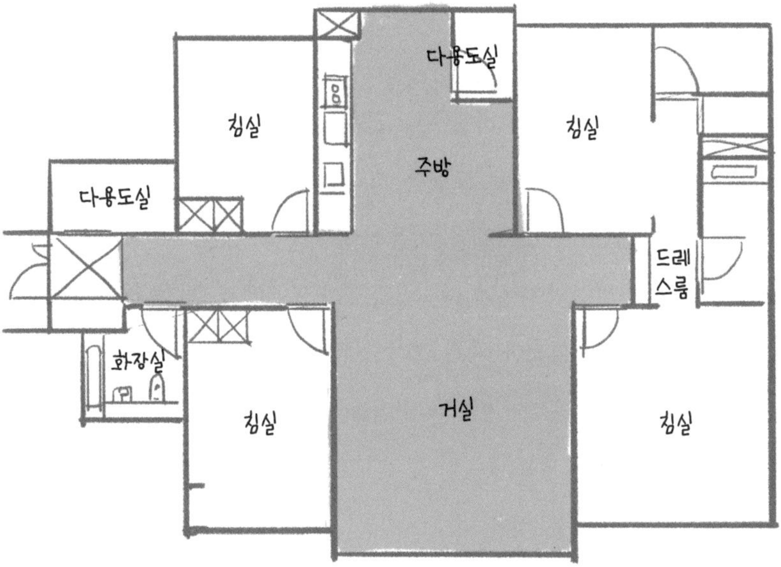

그런데 웹사이트의 평면도에는 집의 각종 치수가 안 나오는 경우가 많다. 이럴 때에는 거실, 방, 주방 등의 각종 치수를 직접 측정하기도 한다. 요즘은 거리를 측정하는 장비가 많기 때문에 별로 어렵지 않다. 거리측정기나 줄자를 이용하여 방 크기, 창문 크기, 베란다와 통하는 출입문의 크기뿐만 아니라 붙박이장의 위치와 크기 등 측정 가능한 사항을 모두 기록한다.

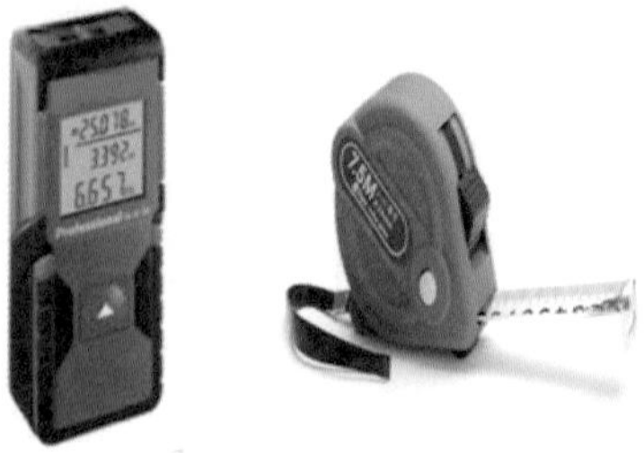

셰어하우스는 많은 가구를 한정된 공간에 효율적으로 배치해야만 하는 특징이 있으므로, 최대한 자세하게 모든 치수를 측정해서 기록해 놓는 것이 좋다.

2단계 도면 그리기

이제 직접 측정한 치수를 바탕으로 집을 도면으로 그리는 단계이다. 보통 모눈종이 등에 손으로 도면을 그리기도 하지만, 우리는 시중에 널리 알려진 CAD 프로그램을 이용하여 그린다. 손으로 그리는 것보다 수정이 간편하기 때문이다. 엑셀 프로그램에서 한 칸을 1cm 정도의 정사각형으로 설정한 다음 그려도 된다(엑셀 보기 탭의 '페이지 레이아웃' 모드에서 행높이와 열너비를 cm 단위로 지정하고 '기본' 모드로 돌아오면 된다).

집의 도면을 그리는 것은 다소 시간이 걸리는 작업이지만, 실제 가구를 세팅할 때 위치가 맞지 않아 이리저리 옮기는 반나절 혹은 하루 이상의 시간과 고생을 줄일 수 있으므로 충분히 투자할 만한 가치가 있다.

무엇보다도 방의 크기를 정확하게 그리는 것이 중요하다. 침대와 책상 등 가구를 배치할 때 매우 중요한 사항이므로 절대 소홀히 해서는 안 된다.

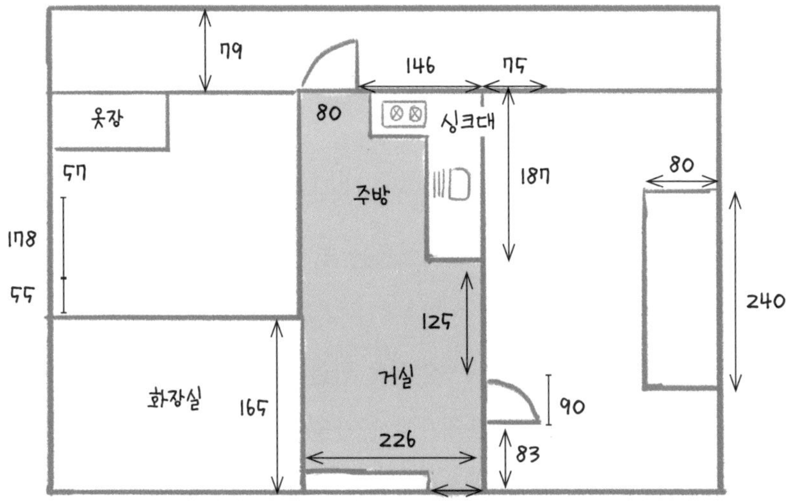

도면 그리는 과정

도면을 작성할 때는 실측한 자료와 최대한 똑같이 그려야 한다.

우선 도면에 앞에서 소개한 웹사이트 평면도와 같이 대략적인 집의 구조를 그린다. 이때 방문 및 베란다 위치 등도 그린다. 이 작업이 완료되면 실측한 치수와 똑같이 방과 거실 등의 크기를 맞추어 도면을 완성한다. 가끔 웹사이트 평면도와 다르게 집을 확장한 경우도 있는데 반드시 실측한 자료를 근거로 그려야 한다.

또한 웹사이트에 도면이 안 나오는 집들도 많다. 이런 집들은 도면을 그리는 것이 쉽지 않다. 이런 경우에는 건축물 현황도를 이용할 수도 있다(200쪽 참조).

3단계 도면에 가구 배치하기

침대, 책상, 소파를 구입하기 전에 미리 도면에 실제 배치해 보는 과정이다.

먼저 침대와 책상부터 도면에 배치해 보자. 구입할 계획인 침대와 책상의 크기를 정한 다음 그 사이즈에 맞게 사각형을 그려 도면에서 이리저리 배치해 본다.

특히 작은방을 2인실이나 3인실로 만들 경우, 도면에서 침대와 책상을 미리 배치해 봐야 효율적으로 공간을 활용할 수 있다. 방 배치가 끝나면 거실에 소파나 탁자를 배치하고 그다음에는 주방에 식탁을 배치해 본다. 이렇게 하면 셰어하우스의 기본 가구 배치가 완료된다. 이

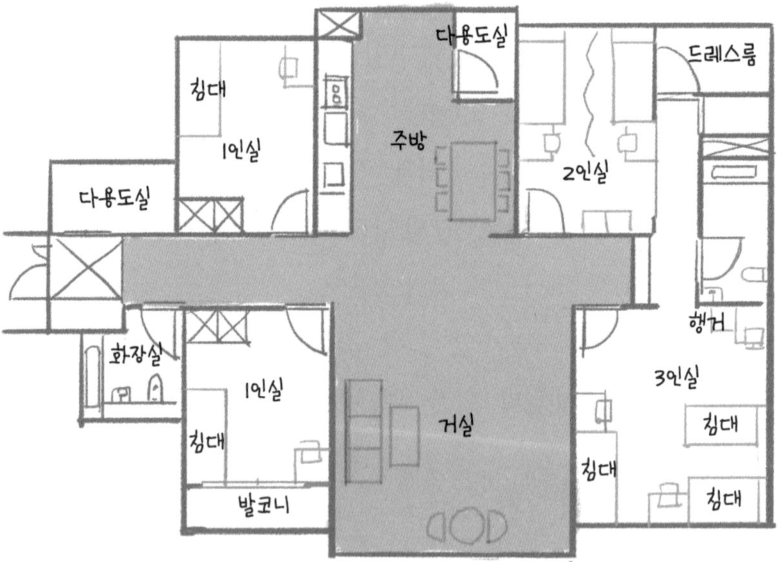

가구 배치가 완료된 집의 평면도

에 더하여 냉장고, 세탁기, 정수기 등의 위치를 정하면 모든 가구 배치가 마무리된다.

가구를 배치해 보면 각 방을 1인실로 만들 것인지, 다인실로 만들 것인지 한눈에 알 수 있다. 이 과정을 통해 1인실을 2인실로 바꿀 수 있는지, 거실에 1인실을 추가할 수 있는지 미리 손쉽게 검토할 수 있다.

침대가 배송되는 날에는 배송기사에게 미리 이 도면을 보내고 가구를 똑같이 배치해 달라고 요청한다. 배송기사도 설치 위치를 명확하게 알 수 있어 침대 수량이 많더라도 작업시간을 단축할 수 있다. 셰어하우스를 잘 세팅해 수익률을 높이고 가구 세팅 작업을 좀 더 효율적으로 하기 위해서 도면 그리기를 꼭 추천하고 싶다.

알돈신잡-건축물 현황도 이용해 도면 그리기

건축물 현황도란 그 건물의 도면을 말하는데, 건축물의 배치 현황, 대지 안 옥외주차 현황, 대지에 직접 접한 도로를 포함한다.

보통 건축물대장에서는 층별·구조·용도·면적 등의 정보를 확인할 수 있는데, 매매나 전세계약 시 공인중개사가 뽑아서 확인시켜 주기도 한다. 하지만 건축물 현황도는 발급 자격이 제한되어 있다. 건축물 소유자 또는 매수인, 세입자, 세입 예정자만 발급받을 수 있으며, 근처 주민센터에서 신분을 확인한 후 발급해 준다.

건축물 현황도에는 집의 각종 치수가 표시되어 있다. 건축물 현황도를 참고하되, 반드시 실측 치수로 도면을 그려야 가구를 배치하다가 크기가 안 맞아 고생하는 불상사를 막을 수 있다.

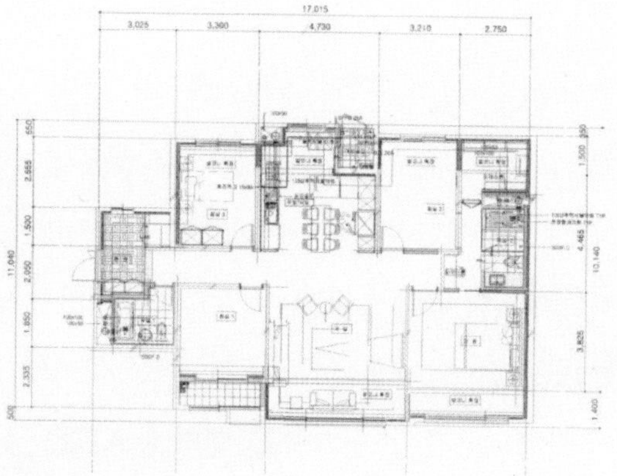

건축물현황도

고유번호			명칭	호
대지위치	지번		도로명주소	

건 축 물 현 황 도

실제 그린 도면

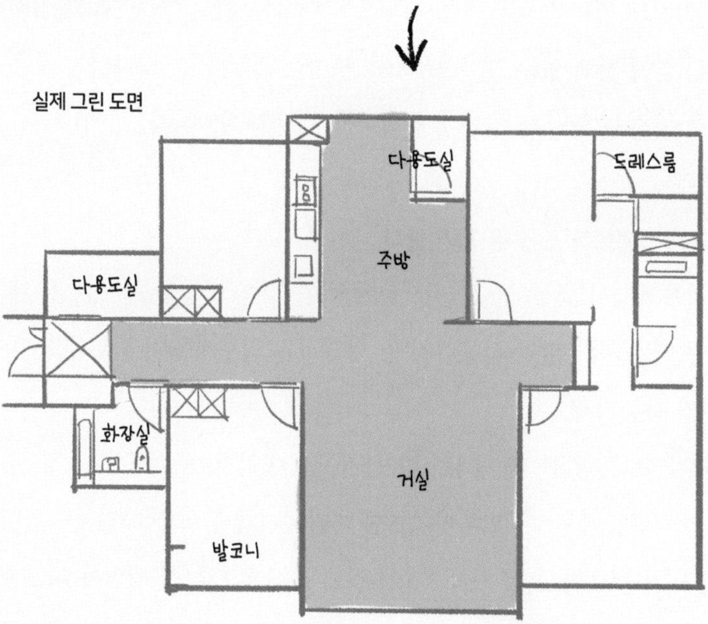

04 셰어하우스용 가전제품 세팅하기

가전제품은 셰어하우스를 세팅하는 물품 중에서 가장 많은 예산을 차지한다. 예산을 조금이라도 아끼려고 중고로 사면, 가전제품의 특성상 부품이 노후되어 금방 고장날 수 있고 A/S 기간도 넘어버려 수리비가 구매한 가격보다 더 나올 수도 있다.

따라서 오픈마켓, 소셜커머스, 인터넷 쇼핑몰 등을 검색하고 비교하여 인지도 있는 브랜드의 신제품을 구매하는 것이 좋다. 특히 여러 사람이 함께 살고 있는 셰어하우스의 특성상 크고 좋은 것보다는 작은 것으로 여러 대를 두는 것이 효율적이라는 것을 기억하자.

냉장고는 대형보다 소형 두 대가 좋다

셰어하우스에서 냉장고는 가전제품에서 가장 큰 비중을 차지한다. 에어컨은 여름 두어 달만 사용하지만, 냉장고는 입주자들이 하루에도 수십 번씩 사용한다.

입주 견학을 왔을 때 냉장고가 큰지, 몇 대인지, 어디에 있는지 살펴보는 사람들이 많다. 입주자가 5명 미만이거나 집이 작다면 큰 냉장고 한 대가 좋지만, 입주자가 5명이 넘고 중대형 평형의 셰어하우스라면 소형 냉장고 두 대가 효율적이다. 냉장고는 아무리 대형이라도 칸이나 넓이가 한정되어 있다. 정리를 소홀히 하면 식재료와 음식들이 뒤섞여서 쉽게 지저분해지고 여러 명이 쓰기에 불편할 수 있다. 소형 두 대로 나눠 주면 동선도 분리되며 칸도 많아 정리가 편하고 공간 활용도도 높아진다.

실제로 셰어하우스를 운영하다 보면, 입주자가 퇴실하면서 놓고 간 식재료가 누구 것인지 몰라서 버리지도 못하고 일일이 다른 입주자들에게 물어봐야 하는 상황이 생긴다. 이럴 때를 대비해 냉장고 칸마다 방 번호나 이름을 붙여 놓으면 나중에 식재료나 음식 주인을 찾아다니지 않아도 된다.

가격 면에서도 대형 냉장고가 100~150만원 정도라면, 소형 냉장고 한 대는 30만원대로 두 대를 산다 해도 더 경제적이다. 입주자들도 대형 냉장고 한 대보다 소형 두 대를 선호한다.

대형 냉장고 1대 → 소형 냉장고 2대로 나눠서 놓는다.

에어컨은 거실에만 있으면 된다

에어컨은 사용 시기가 정해져 있기 때문에 많이 쓰지 않더라도, 여러 명이 함께 생활하는 셰어하우스 특성상 꼭 필요한 가전제품이다.

처음 1호점을 세팅할 때, 거금을 들여 거실과 방 5개에 각각 에어컨을 모두 설치했다. 하지만 정작 입주자들을 받고 운영해 보니 낮 동안에는 거의 회사나 학교에 가서 아무도 없고, 밤에 집에 돌아와서는 선풍기를 각자 방으로 가져와서 트는 경우가 많았다.

셰어하우스는 관리비를 N분의 1로 나누어 내므로 전기요금이 걱정되는지 서로 자제하는 분위기가 느껴졌다. 방이 크지 않다 보니 각자의 방에서 선풍기만 틀어도 시원하고, 너무 더우면 거실에 나와 에어컨을 틀어 놓고 쉬었다. 에어컨을 방마다 트는 경우는 거의 없었다. 그 후 2호점부터는 거실에만 스탠드 에어컨을 놓았는데 몇 년이 지난 지금도 별 무리 없이 잘 운영되고 있다.

세탁기는 통돌이가 효율적이다

원룸이나 오피스텔에서는 옵션으로 주로 드럼 세탁기를 설치한다. 드럼 세탁기는 1인가구나 소규모 가구에는 작고 다양한 기능으로 편리하고 좋지만, 셰어하우스 특성상 여러 사람들이 쓰기에는 아무리 대용량이라도 불편한 점이 있다.

셰어하우스에서는 입주자들이 한꺼번에 옷을 모아서 세탁할 때가 많아서 통돌이 세탁기가 유용하다. 드럼 세탁기보다 가격이 저렴한 데다가 고장도 적다. 특히 침구류나 부피가 큰 세탁물의 경우 드럼 세탁기에

드럼 세탁기 → 통돌이 세탁기가 더 유용하다.

들어가지 않아 무용지물일 때가 있는데, 통돌이 세탁기는 많이 들어가고 세탁도 더 잘되는 편이다.

세탁기는 입주자가 많아도 몰아서 세탁하는 경우가 많기 때문에 한 대라도 불편함 없이 잘 사용할 수 있다.

그밖의 가전제품

브랜드가 있으면서 가장 저렴한 것이 좋다. 나중에 A/S를 받아야 하기 때문에 어느 정도의 브랜드 제품이 좋다.

드라이기는 여성 셰어하우스 특성상 많이 사용하므로 비싼 것 한 개보다 화장실마다 최소 한 개 이상씩 두는 게 좋다. 이왕이면 가격이 저렴하면서도 바람이 강하고 큰 게 좋다.

전기밥솥은 6인용이면 적당하다. 밥솥이 크면 밥을 해 놓고 남아서 버리는 경우가 종종 있다. 6인용 정도가 적당하고 불편하다 싶으면 두 대를 두는 것이 좋다.

현재 운영하는 셰어하우스에는 대부분 여대생들이 살기 때문에 쌀을 서비스로 넣어 주기도 한다. 바쁜 아침이나 점심은 햇반을 주로 이용하지만, 저녁 같은 경우는 학생들이 집에 돌아와 밥을 하는 시간이 몰리다 보면 늦게 먹거나 못 먹는 경우가 발생한다. 입주자가 많은 셰어하우스에는 밥솥 두 대도 고려해 볼 만하다. 이밖에 전자레인지와 청소기도 꼭 있어야 한다.

사진, 그림, 액자 등은 이케아에서 구한다

요즘은 이케아를 가면 카트만 봐도 '셰어하우스 운영자구나' 하고 알아보게 되었다. 카트에 인테리어 소품 중에서 유독 사진과 그림 액자가 많이 실려 있고 같은 물건을 여러 개 산다. 게다가 셰어하우스에서 많이 사용되는 물건들이 주로 담겨 있기에 카트를 보면 대략 짐작이 되곤 한다.

셰어하우스를 어떻게 꾸며야 할지 막막한 사람들은 이케아 쇼룸에서 보고 소품과 가구를 비슷하게 배치해 보면 좋다. 침구 세트도 가성비가 좋은 것들이 많다. 셰어하우스에 관심이 많거나 창업 예정이라면 이케아에 자주 가서 둘러보고 공부해 놓으면 좋다.

다채로운 주방도구 미니소나 모던하우스

예쁘고 종류가 많고 저렴한 편인 모던하우스

주방도구는 미니소나 모던하우스가 예쁘고 종류도 많고 가격도 저렴한 편이다. 시즌별로 여성 입주자들이 좋아할 만한 색상과 디자인으로 구입해 배치해 놓으면 주방이 환해진다. 식기는 여러 사람이 쓰다 보니 깨지거나 금이 가거나 기스가 나는 경우가 많다. 이럴 때는 부담없이 사서 바꿔 주는 것이 운영자나 입주자에게 좋다.

좁은 공간 아이템

'파티션 겸 다용도걸이'는 파티션 느낌이 나면서 고리를 이용해 다양한 소품이나 사진 등을 걸어 놓을 수 있다. 좁은 다인실인 경우 이처럼 다양한 기능을 가진 제품이 유용하다.

가방이나 목도리 등을 간편하게 걸어둘 수 있는 '문 뒤 옷걸이'도 유용하다. 특히 여성 셰어하우스는 가방이나 스카프 같은 것들이 많기에 설치해 주면 입주자들이 좋아한다.

공간 활용도가 높아 입주자들이 좋아하는
'파티션 겸 다용도걸이'와 '문 뒤 옷걸이'

05

세팅 하루 만에 끝내기

입주청소 맡기는 요령

셰어하우스가 깨끗하고 쾌적해야 입주자가 금방 들어온다. 그런데 여러 사람이 공동으로 생활하는 곳이기 때문에 일단 입주자들이 들어와 살면 전면 대청소를 하고 싶어도 할 수 없는 경우가 많다.

따라서 가구와 가전제품을 주문해 한 날짜에 배송되도록 한 다음에는 바로 입주청소를 예약하는 것이 좋다. 작은 빌라나 주택이라면 입주청소를 직접 할 수 있지만, 중대형 아파트인 경우 전문적인 청소업체에 맡기는 것도 방법이다.

가구와 가전제품이 들어오기 하루이틀 전에 입주청소를 해야 하는데, 최소 2주 전에 알아보고 예약하는 것이 좋다. 입주청소는 반나절 정도 걸린다. 그 지역의 청소업체부터 먼저 알아본다. 또한 같은 지역에서 지점을 늘리는 경우가 많으므로 청소업체를 정해서 계속 맡기는 것이 돈과 시간을 아낄 수 있다. 지방 같은 경우는 평당 8,000~10,000원 정도 한다.

가구와 가전제품 단숨에 설치하기

세팅이 빠르면 빠를수록 수익률이 좋다. 가구와 가전제품의 배송기간을 타이트하게 잡고 하루이틀 간격으로 한꺼번에 배송되도록 한다. 가구는 인터넷에서 주문해 놓고 배송까지 일주일 이상 기다려야 되는 경우가 많다. 따라서 주문한 다음 바로 쇼핑몰에 전화해서 배송 스케줄을 알아보는 것이 좋다.

침대부터 주문한다

방에서 가장 큰 자리를 차지하는 침대는 주문 시 가장 먼저 배송되도록 해야 한다. 침대부터 놓고 책상이나 행거 등을 세팅해야 나중에 옮길 때도 간편하다. 침대는 쇼핑몰의 배송기사가 조립 및 설치를 해준다. 배송비는 평균 3~5만원이고, 침대가 여러 개이다 보니 2~3시간 정도 걸린다.

공실인 경우는 미리 가구 배치도를 배송기사에게 카톡 등으로 전달하고, 설치가 끝난 후 사진을 보내달라고 하면 된다. 한 지역에서 셰어하우스를 여러 채 늘려가다 보면 나중에는 기사 분과 친분이 생기게 된다. 그래서 배송 날짜도 앞으로 최대한 당겨주고 배치할 때 조언도 해 주신다.

나머지 가구인 책상이나 행거는 대부분 직접 조립해야 한다. 하루이틀 안에 모두 배송시켜 놓고 하루 날을 잡아서 조력자들과 함께 한꺼번에 조립하는 게 편하다. 두 명 정도는 같이 조립을 하고, 한 명은 소품을 배치하고 뒷정리를 한다.

세팅은 하루 만에 끝낸다

처음에는 가구와 가전제품, 소품을 세팅하는 데 일주일 정도 걸렸다. 하지만 셰어하우스를 점점 늘려가며 세팅하다 보니 이제는 하루만에 끝내고 사진을 찍어 인터넷과 SNS에 홍보글까지 올릴 수 있게 되었다. 책상도 처음에는 설명서를 보며 하나하나 조립하느라 시간이 많이 걸렸지만, 지금은 비슷한 책상을 자주 조립하다 보니 설명서를 안 보고도 조립할 수 있게 되었다. 평소 가방에 드라이버와 공구를 가지고 다니는 버릇도 생기게 되었다.

만약 직장을 다니거나, 셰어하우스까지 거리가 멀고 시간이 도저히 나지 않는다면, 가구 전문 설치업체에 맡기거나 가격이 좀 나가더라도 조립된 가구를 선택하면 된다.

인터넷 속도는 빠를수록 좋다

인터넷은 가장 중요한 세팅 요소 중 하나이다. 입주 상담 때부터 인터넷 연결 여부를 먼저 묻는 사람들도 있다. 가구와 가전제품을 세팅할 때 인터넷도 같이 연결하는 것이 좋다. 인터넷은 통신사마다 결합할인이나 요금제가 다르므로 자기에게 맞는 곳으로 비교해서 연결하면 된다.

인터넷 연결 상담 시 속도와 끊김도 중요하다. 여러 명이 생활하는 셰어하우스의 특성상 속도가 느리거나 연결이 끊기기가 쉬운데, 인터넷은 민감한 문제라 입주 당일에 바로 콤플레인이 들어온다. 이왕이면 속도와 용량이 좋은 조건으로 신청하는 게 좋다. 공유기는 필수다.

정수기가 있는지 묻는 사람도 많다

정수기가 없는 셰어하우스도 있긴 하지만 요즘은 대부분 설치한다. 입주 상담 시 정수기 유무를 물어보는 사람들도 점점 늘어나고 있다.

정수기가 없으면 각자 생수를 사다 먹어야 하는데 보관도 쉽지 않고 번거롭다. 정수기를 설치하고 관리비에 포함시키는 게 좋다. 이왕이면 냉온 정수기가 좋다. 인터넷과 같은 날 신청하면 된다.

셰어하우스는 빠른 세팅과 오픈이 중요하다. 시간은 곧 돈이다. 특히 전대차로 집을 구했다면 월세가 계속 나가기 때문에 최대한 빨리 세팅하고 마무리해서 사진을 찍어 홍보를 해야 한다.

가구와 가전제품, 각종 소품 등을 세팅할 때 처음에는 일주일 이상 걸렸지만, 셰어하우스 지점을 늘려가다 보니 이제는 2~3일 안에, 어떨 때는 하루 만에 세팅부터 사진 찍기, 홍보글 올리기까지 끝낼 수 있게 되었다.

셰어하우스 하루 만에 정리법

1. 큰 가구들을 조립해서 배치
2. 작은 가구는 남는 공간 사이에 배치
3. 멀티콘센트 꽂기
4. 스탠드 설치하기(사진 찍을 때 중요)
5. 주방 소품 정리
6. 거실 소품 정리
7. 수납장 보관

어디에 홍보해야 효과 만점일까? 실제 경험담과 홍보사진 잘 찍는 꿀팁부터 인터넷, SNS 홍보, 운영에 도움 되는 사이트까지 꼼꼼하게 공개한다.

7

Part

효과 만점 홍보하기

01 홍보 사진 잘 찍는 꿀팁!

셰어하우스 정리가 끝나면 사진을 찍어 홍보를 해야 한다. 입주자를 빨리 다 채우려면 사진을 잘 찍는 것이 중요하다.

셰어하우스 홍보 사진은 전문업체에 맡기면 시간이나 에너지가 절약될 뿐만 아니라, 전문가가 작업한 사진이라 인터넷이나 SNS에 올리면 집이나 방이 넓고 환해 보인다. 하지만 전문업체의 경우 완성 사진을 20장 정도 넘겨주는데 15~20만원 정도 내야 한다. 또한 입주 희망자들이 집을 보러 왔다가 "사진으로 볼 때는 좋았는데, 직접 와서 보니 실제 집과 다르다"며 실망하고 계약을 안하는 경우도 종종 있다.

셰어하우스 홍보 사진을 직접 찍는 경우 비용이 따로 들지 않고 사진을 찍으면서 집의 공간, 소품 등을 다양한 관점에서 볼 수 있다. 이런 경험은 지점을 늘리고

여러 채 운영할 때 많은 도움이 된다. 하지만 직접 홍보 사진을 찍으려면 시간과 노력이 필요하며 사진을 잘못 찍으면 홍보 효과가 별로 없어진다.

직선 찾아서 수직/수평 맞추기

셰어하우스의 공간을 찍을 때, 다음 그림처럼 수직/수평을 맞춰 주면 훨씬 안정감 있고 균형이 잡혀 보인다.

최대한 코너에서 찍기

최대한 코너에서 공간을 찍으면 사진의 상하좌우에 많은 공간이 나와서 집이나 방이 넓어 보이는 효과가 있다.

인테리어 소품 활용하기

홍보 사진을 찍기 전에 미리 소품을 준비하여 배치한다. 빈 공간을 채울 수 있는 조화나 화병, 책이나 인테리어 소품이 좋다. 몇 컷은 근접 촬영해서 소품을 최대한 부각시키고 뒷배경은 아웃 포커싱 효과를 주면 분위기 있는 인테리어 사진이 완성된다. 삼각형 위주로 포커스를 맞춰 찍어 본다. 실제로 해 보면 어렵지 않다.

무조건 밝고 넓게 나오는 게 중요!

조명을 이용할 때는 모든 조명을 켜놓고 찍어야 한다. 특히 스탠드를 이용하면 좋다. 자연광은 빛의 방향을 보고 정면이 아닌 측면에서 촬영하면 효과를 더욱 높일 수 있다. 사진이 어두울 경우에는 측광 모드를 이용하여 노출을 조절하면 훨씬 더 화사한 사진을 얻을 수 있다.

셰어하우스는 부동산 분야와 밀접한 관련이 있지만 어떤 면에서는 자영업에 가깝다. 임대업이나 전세를 이용한 갭투자 등은 공인중개사가 거래를 맡아주기 때문에 신경쓸 일이 거의 없다. 하지만 셰어하우스는 집을 꾸며서 내놓고 홍보를 하고 거래까지 성사시켜야 한다.

그래도 땀을 흘린 대가가 크다. 같은 평수 아파트의 월세가 30만원 정도라면, 셰어하우스는 80만원 정도의 월세를 받을 수 있다. 평수가 크다면 차이는 100만원 이상으로 벌어진다.

주변 사람들이 "셰어하우스 잘되나요?"라고 물으면 다가구 건물을 관리하는 느낌이라고 얘기한다. 총 7채의 셰어하우스에 한 집당 입주자를 8~9명으로 잡아도 60명 정도 되니 공인중개사 사무실을 운영하는 착각이 들 때도 있다. 거기다 셰어하우스의 특성상 계약기간을 중단기로 잡다 보니 홍보와 입주자 상담과 견학도 꾸준히 해야 한다. 계약서까지 다 쓰고 마무리하면 공인중개사가 하는 일들을 모두 경험해볼 수 있다.

앞으로 부동산 투자를 할 때 많은 도움이 될 것이다. '모르고 못하는 것보다 알면서도 안하는 것이 낫다'라는 말도 있듯이!

월세 2, 3배 받는 셰어하우스의 6가지 쉬운 과정

집 얻기 → 가구 및 가전제품 등 세팅 → 홍보 → 입주자 상담 및 견학 → 계약서 작성 → 입주자 관리

02 블로그, 홈페이지로 홍보하기

셰어하우스는 홍보만 잘해도 80%는 끝난 거라고 할 수 있다. 현수막을 걸거나 전단지를 돌리는 것보다는 인터넷이나 SNS를 이용해서 폭넓은 수요자를 대상으로 홍보하는 게 효과적이다. 인터넷 홍보는 블로그, 홈페이지, 네이버 카페, 셰어하우스 플랫폼 정도로 나눌 수 있다.

친근감과 전문성으로 효과 만점, 개인 블로그

운영자가 개인 블로그를 이용해서 홍보하는 경우가 많다. 기존에 운영하던 블로그가 있다면 셰어하우스 게시판을 만드는 것도 방법이다. 홈페이지에 비해 전문적인 느낌은 살짝 떨어지지만, 수시로 셰어하우스 관련 글이나 공실 현황, 다양한 이벤트 후기를 올리다 보면 친근감이 들어 편하게 입주 상담 예약을 한다. 블로그는 쉽게 만들 수 있으며 비용도 안 든다. 나중에 지점이 늘어나면 홈페이지도 같이 운영하면 좋다.

실제로 나는 부동산 공부와 투자를 하면서 블로그를 운영해 왔다. 셰어하우스 사업을 본격적으로 하면서 여성 셰어하우스로 블로그를 꾸미고 전문성을 키워 가고 있다. 여기에 평소에 관심 있던 부동산, 셰

기존에 쓰던 블로그를 여성 셰어하우스 전문 블로그로 바꿔 운영하고 있는데 효과가 좋다.

셰어하우스와 관련된 다양한 글을 올리고 있다.

어하우스 관련 기사와 글을 꾸준히 올리고 있다.

전문성이 돋보이는 홈페이지

필자가 운영 중인 셰어하우스 홈페이지. 네이버 무료 홈페이지 제작 툴인 '모두'를 이용하면 누구나 손쉽게 만들 수 있다.

홈페이지를 만들어 홍보하면 전문적이고 신뢰성이 높아 보이는 장점이 있다. 하지만 처음부터 전문적인 홈페이지를 만들어 운영하기는 쉽지 않다.

업체에 맡기는 비용도 크고 본인이 직접 수정하고 올리는 데 한계가 있다. 홈페이지가 꼭 필요하다면 네이버 무료 홈페이지 제작 프로그램인 '모두(www.modoo.at)'를 이용하면 편하고 쉽게 모바일 홈페이지까지 만들 수 있다. 우리가 운영 중인 '메이트 하우스' 홈페이지도 이 프로그램으로 만들었다. 우리는 셰어하우스용 홈페이지와 블로그를 동시에 운영 중이다.

알돈신잡- 홍보 꿀팁! 네이버 카페와 인터넷 사이트 추천

네이버의 관련 카페와 인터넷 사이트에서 홍보하는 것도 좋다. 나는 '피터팬의 좋은방 구하기'나 '아이러브 셰어하우스'를 자주 이용한다.

피터팬의 좋은방 구하기

www.peterpanz.com

'피터팬의 좋은방 구하기'는 부동산 직거래 사이트로 유명하다. 몇 년 전부터 '셰어하우스 광고하기' 게시판도 생겼는데 광고를 하려면 회원 가입비를 내야 한다. 지방보다는 서울 중심의 셰어하우스가 많이 올라오고, 서울의 입주 희망자들이 가장 많이 보는 사이트이다.

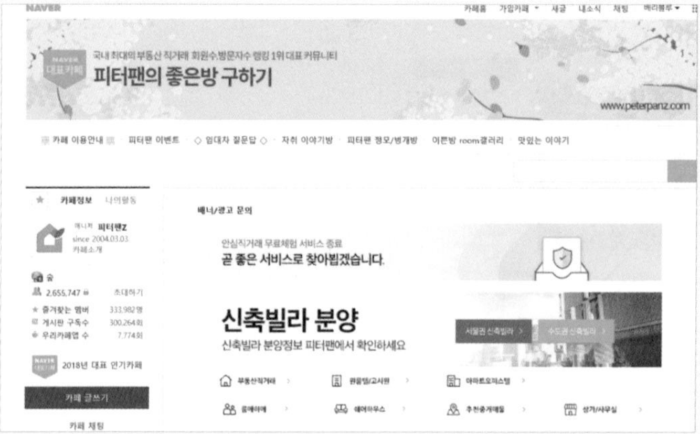

아이러브 쉐어하우스

https://cafe.naver.com/ilovesharehouse

'아이러브 쉐어하우스'는 오픈한 지는 오래되지 않았지만, 네이버 카페에서 유일하게 셰어하우스만을 홍보하고 입주자들을 연결시켜 주는 곳이다. 특히 운영진들이 적극적으로 홍보해 주고, 셰어하우스를 구하는 사람들을 지역과 조건에 맞게 연결시켜 준다. 회원이 점점 늘어나는 추세이다. 나는 여러 채널을 통해 홍보하고 있는데 이 카페에서 보고 연락했다는 빈도가 점점 높아지고 있다.

부동산 직거래 사이트 중에서 원룸이나 투룸을 찾는 사람들이 많은 곳, 룸메이트를 구하는 곳 등도 셰어하우스를 홍보할 수 있는 좋은 사이트이다.

나는 그중에서 방짝과 집토스를 많이 이용하는 편이다. 실제로 이 두 곳에 광고를 하고 있는데, 직장인 문의 비중이 높았고 30세 이상으로 연령대가 다소 높았다. 지방보다는 서울 위주로 광고가 올라온다.

방짝 www.bangjjack.com

방짝은 룸메이트를 구하는 사이트로 많이 이용되다가 최근 셰어하우스 광고가 더 많아지는 추세이다. 간단히 사진과 소개글을 올릴 수 있고 외국인 입주 희망자들도 많이 찾고 있다.

집토스 https://ziptoss.com

집토스는 부동산 직거래 사이트로 원룸이나 투룸 등 월세 위주로 많이 올라오고, 직방이나 다방에 비해 직접 자기집 홍보글이나 사진을 편하게 올릴 수 있다. 요즘 셰어하우스를 찾는 외국인들이 늘어나고 있어서 중국어·영어 버전도 제공한다.

알돈신잡- 구글을 이용해 홍보처 찾기

셰어하우스는 홍보를 많이 할수록, 노출이 많이 될수록 연락도 많이 오고 입주자들을 빨리 채울 수 있다. 구글 검색을 통해 어디에 홍보하면 좋을지 찾을 수 있다.

1. 구글(www.google.co.kr) 검색창에 원하는 지역이나 운영하려는 셰어하우스 근처의 대학 이름을 입력한 후 검색한다.

2. 결과창에서 그 지역의 셰어하우스나 대학 근처의 숙소 정보, 대학 커뮤니티 카페 등을 볼 수 있다.
3. 해당 사이트나 게시판으로 접속해 셰어하우스를 홍보한다.(대학 홈페이지의 경우 학생처나 게시판 관리 부서에 홍보 내용을 메일로 보내면, 학교에서 직접 올려주는 경우가 많다.)

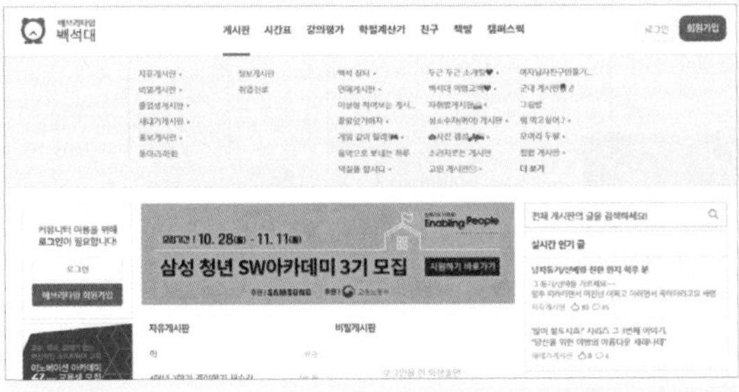

대학의 관련 커뮤니티에 홍보 글을 올리는 것도 방법이다.

03
네이버 스마트 플레이스 등록하기

네이버 스마트플레이스에 내가 운영하는 셰어하우스 정보를 등록해 보자. 그러면 네이버에서 셰어하우스 이름으로 검색하면 지도와 함께 간략한 정보가 나온다. 또는 네이버에서 동네 이름과 '셰어하우스'를 검색하면 그 지역의 여러 셰어하우스들이 나오는데, 나의 셰어하우스도 이때 검색되어 노출된다.

1. 네이버 스마트플레이스(http://smartplace.naver.com)에 접속한다. 화면이 나오면 '내 업체 새로 등록하기'를 누른다.

2. 서비스 등록화면이 열리면 과정을 따라하며 등록한다. 서비스 등록은 무료이며 절차도 간단하다.

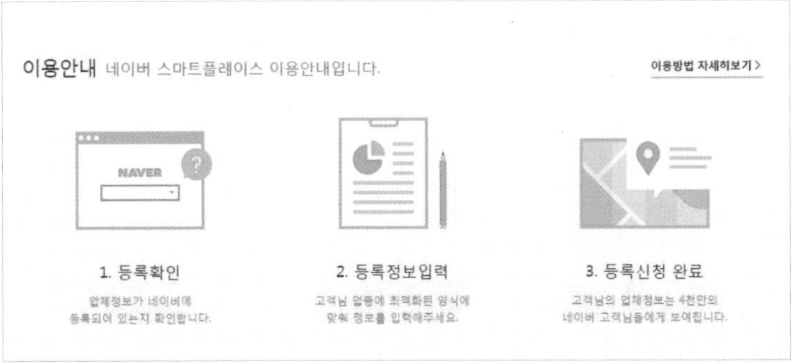

3. 스마트플레이스에 내가 운영하는 셰어하우스를 등록해 놓으면, 이제 셰어하우스의 이름만 검색해도 지도에 표시된다.

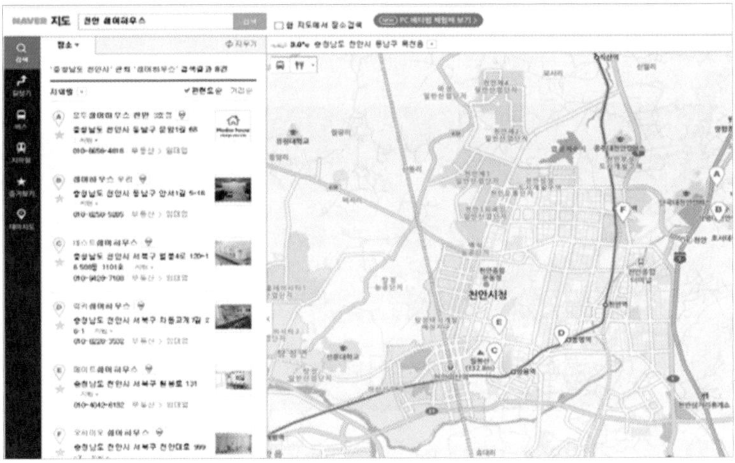

04

셰어하우스 플랫폼 이용하기

셰어킴 www.sharekim.com

셰어킴은 셰어하우스와 입주 희망자들을 연결해 주는 사이트이다. 각 셰어하우스의 1인실, 2인실 등 룸마다 자세하게 공실 현황까지 알려준다. 외국 유학생들과도 연결해 주기 때문에 다양한 입주 희망자들을 유치할 수 있는 장점이 있다.

하우스 테마, 보증금, 월세, 성별, 입주 가능 시기, 하우스 이름 등으로 세분화해 검색할 수 있으며, 하우스 등록 신청을 하면 업체에서 편집해서 올려준다.

셰어하우스와 입주 희망자를 연결해 주는 '셰어킴'

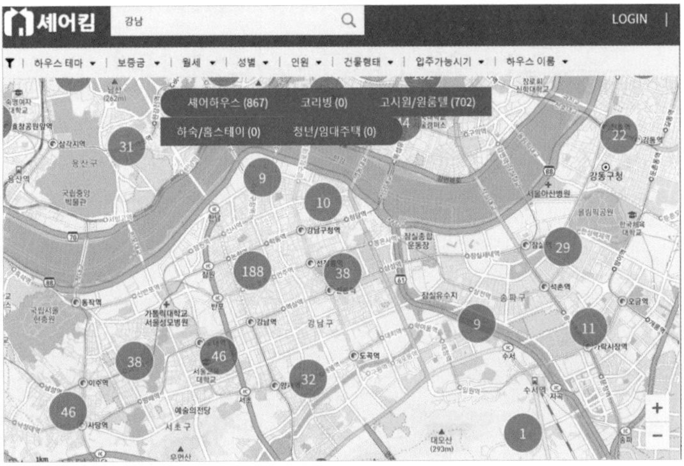

컴앤스테이 www.thecomenstay.com

셰어킴과 비슷한 셰어하우스 플랫폼이다. 셰어하우스 매칭이란 코너를 따로 운영하고 있다. 입주를 희망하는 사람의 특성에 맞게 조건을 선택하면 최대한 비슷한 셰어하우스로 찾아서 매칭해 준다.

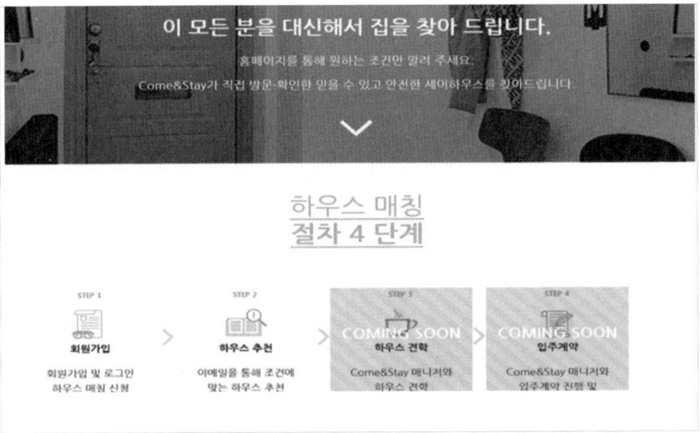

05

유튜브와 대학 커뮤니티 이용하기

외국인 입주자들에겐 유튜브가 효과적

요즘은 셰어하우스에도 외국인 입주자들이 늘어나고 있다. 외국인 유학생들을 대상으로 운영할 경우 유튜브로 홍보하는 것이 효과가 좋다. 셰어하우스 소개 동영상을 직접 찍어 올리거나, 인지도 있는 유학생 유튜버에게 부탁해 소개해 달라고 하는 것도 좋다.

특히 '보더리스'라는 셰어하우스가 유명한데 일본·한국·대만 등에 119개 하우스를 운영 중이다. 외국인 유학생 현황은 e-나라지표 사이트(www.index.go.kr)에 잘 나와 있다.

대학 커뮤니티 게시판도 효과 만점

대학 커뮤니티 게시판을 이용해 홍보하면 효과가 좋다. 재학생이나 졸업생만 가입할 수 있는 곳도 있지만, 외부인이 직접 가입할 수 있는 곳도 찾아보면 많다. 우리는 대학생 대상 셰어하우스가 많기에 대학 커뮤니티 게시판을 자주 이용하는데 여기서 보고 문의를 하는 사람들이 꽤 있었다.

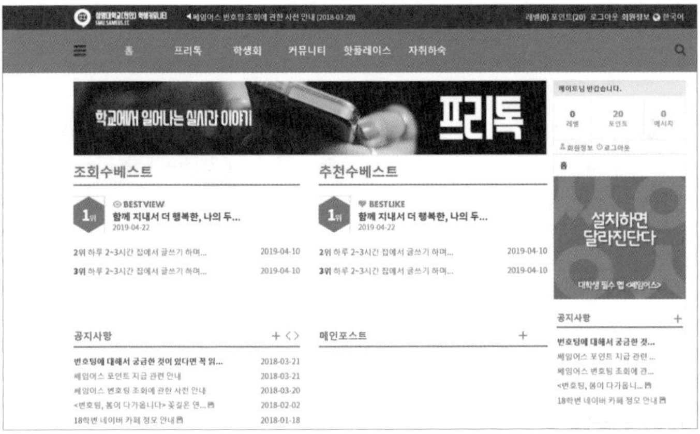

전단지를 만들려면 눈에 띄고 흥미롭게

셰어하우스를 홍보하기 위해 전단지를 붙이거나 돌리는 경우도 있다. 지방의 경우 대학이나 셰어하우스 인근의 카페 · 편의점 · 피씨방 등 학생들이나 직장인들이 자주 가는 곳에 붙여 놓으면 효과가 좋다. 이왕이면 눈에 띄고 흥미롭게 만들어야 한다.

우리도 셰어하우스 홍보 전단지를 만든 적이 있다. 입주 희망자들이 많아서 금방 만실이 되어 실제로 전단지를 돌리지는 못했다. 따라서 전단지는 앞에서 설명한 각종 홍보 채널을 사용해도 입주자가 차지 않을 때 생각해 볼 수 있는 방법이다. 무엇보다 먼저 블로그, 사이트, 카페 등 인터넷을 통한 홍보에 주력해야 한다.

06

카카오톡으로 입주 희망자 받기

입주 희망자들, 카카오톡 문의가 가장 많다

셰어하우스를 운영하면서 여러 채널을 통해 홍보를 하다 보면 사람들이 편하게 문의할 수 있는 창구가 필요하다. 지금까지 약 500명의 문의를 직접 받아보았다. 입주 희망자들은 주로 어떤 채널로 문의를 할까? 결론은 카카오톡, 그중에서도 카카오톡 1:1 오픈채팅을 이용한 문의가 가장 많았다.

입주 희망자 문의 채널 비중

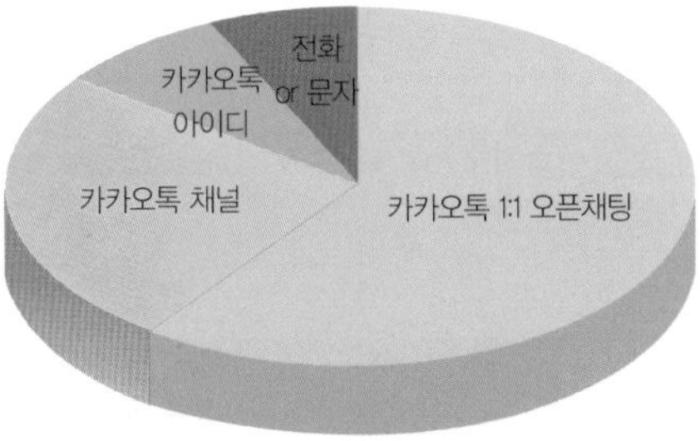

카카오톡 1:1 오픈채팅, 가장 편하고 간단한 방법

카카오톡 1:1 오픈채팅방을 만든 다음에 그 주소를 블로그나 홍보 글에 링크해서 올려주는 것이 좋다. 이 링크만 누르면 바로 운영자와 카톡으로 연결된다. 예쁜 배너를 만들어 클릭하면 연결되게 하는 것도 좋은 방법이다.

셰어하우스를 여러 개 운영하다 보니 이번 새 학기에는 입주 희망자들의 문의가 한꺼번에 몰렸다. 하지만 카카오톡 1:1 오픈채팅으로 입주 상담을 수월하게 할 수 있었다.

단점은 대화명을 본인이 만들기 나름이라 나중에 실명과 헷갈릴 수 있다. 따라서 카카오톡 1:1 오픈채팅으로 방문 예약을 잡을 때는 본인 이름과 연락처를 꼭 받아 두어야 한다. 입주자들이나 운영자에게 가장 편하고 간단한 연락 방법으로 여러 다른 업종에서도 많이 쓰이고 있다.

카카오톡으로 오픈채팅방 만들기

1. 카카오톡 채팅 창의 상단에서 '말풍선 플러스' 아이콘을 클릭한다.
2. 새로운 채팅 창이 열리면 일반채팅, 비밀채팅, 오픈채팅 중에서 '오픈채팅'을 클릭한다.
3. '오픈채팅' 탭을 누른 후 '만들기'를 클릭한다. 그런 다음에 '1:1 채

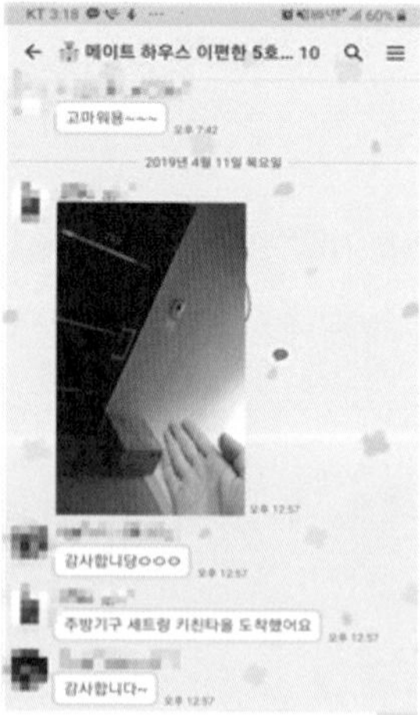

팅방'을 선택한다.

4. '1:1 채팅' 화면이 열리면 오픈 채팅방 이름과 소개를 입력한다.

5. 프로필 사진에 셰어하우스를 대표하는 사진을 넣어 알기 쉽게 꾸민다. 이제 입주 희망자들의 문의를 받을 카카오톡 1:1 오픈채팅방이 만들어졌다.

참고로 블로그나 카페에 이 채팅방 주소를 복사해서 링크를 붙여넣어도 되지만, 눈에 더 띄고 신뢰감 있게 보이려면 따로 셰어하우스만의 특성을 살린 이미지를 만들어 링크에 주소를 연결시키는 것도 좋은 방법이다.

그림을 클릭하면 바로 운영자의 1:1 오픈채팅방으로 연결되게 만든다.

문제는 카톡에서 바로 볼 수 없고, 알림이 올 때 '카카오톡 채널 관리자센터'로 들어가 채팅 내역을 확인해야 한다는 것이다. 가끔 다른 알람에 묻혀 못 보고 바로 답변을 못할 때가 있으므로 신경써서 봐야 한다. 참고로 카카오톡 아이디의 경우 아이디를 직접 검색해서 등록하고 문의해야 하는 번거로움이 있다 보니 입주 희망자들의 사용 빈도가 높지 않다.

셰어하우스를 홍보할 때 전화번호를 올려놓긴 하지만, 사람들이 직접 전화를 하는 경우는 별로 없고 대부분 문자로 보낸다. 문자로 하나 하나 답변하다 보면 시간도 많이 걸리고 번거롭다. 특히 여러 명이 한꺼번에 문의를 할 경우 제대로 답변하기가 힘들다. 이런 경우 카카오톡 기능을 이용하면 훨씬 편리하다.

카카오톡 채널 이용하기

카카오톡 채널 서비스를 이용하면 셰어하우스를 효과적으로 홍보할 수 있다. 예전에는 서비스의 이름이 '카카오톡 플러스친구'였는데 최근 '카카오톡 채널'로 바뀌었다.

1. 카카오톡 채널(http://business.kakao.com)로 접속한다.
2. '카카오톡 채널 for Business' 화면이 열리면 서비스 소개와 가이드를 읽어본 후 〈카카오톡 채널 시작하기〉를 누른다.
3. 다음 화면이 열리면 〈채널 만들기〉를 클릭한다.
4. 로그인 화면이 열리면 카카오톡 아이디와 비밀번호를 입력해 로그인을 한다.

5. '채널 관리자 가입' 화면이 열린다. 이름, 전화번호를 입력한 후 약관에 동의하고 <시작하기>를 누른다.

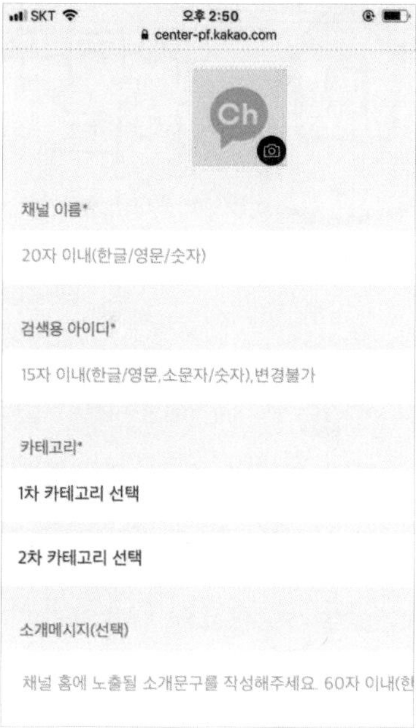

6. 이제 관리자 가입이 완료되었다. <채널 만들기>를 누른다

7. '채널 개설하기' 화면이 열리면 채널 이름과 검색용 아이디를 입력한다. 카테고리를 선택한 후 채널 홈에 소개될 소개 문구를 60자 이내로 작성한다. 상단의 네모 모양에는 원하는 그림을 넣을 수도 있다. 이제 <새 채널 만들기>를 누르면 카카오톡 채널이 완성된 것이다.

카카오톡 채널을 통해 셰어하우스 정보와 소식, 이벤트를 한꺼번에 보여줄 수 있고 포스트를 발행할 수도 있다.

또 입주 희망자들과 1:1 오픈채팅으로 문의와 예약을 받고 상담할 수 있다. 채팅 가능 시간도 설정할 수 있고 채팅 목록도 관리할 수 있으며 메모도 할 수 있다. 자주 묻고 답하는 내용은 자동응답으로 설정할 수도 있다.

07
셰어하우스 운영에 유용한 사이트

셰어하우스를 세팅하거나 운영할 때는 전구 교체, 가구 조립, 집 정리부터 가구나 소품·생활용품 구입, A/S 요청 등 다양한 손길이 필요하다. 내가 혼자 해도 되겠지만, 평소 편리하면서도 유용한 업체들을 알아두고 적절히 활용하면 효율적이다. 내가 자주 이용하는 업체들을 소개한다.

애니맨, 무슨 일이든 부르면 온다 www.anyman25.com

헬퍼, 심부름 서비스 업체이다. 셰어하우스를 운영하다 보면 좀 큰일부터 사소한 일까지 자잘한 일이 생기게 마련인데, 내가 일이 있어 갈 수 없을 때 빠르고 편하게 해결할 수 있는 곳이다. 셰어하우스를 세팅할 때 부탁하면 가구도 조립해 주고 스위치도 갈아 주고 커튼도 달아 주며 집 정리도 다 해 주고 간다.

애니맨 사이트에 해야 할 일, 시간, 장소를 올리면 헬퍼를 매칭해 준다. 인력만 있다면 장소, 시간에 구애받지 않고 편리하게 이용할 수 있다. 심부름 미션마다 금액이 다르다.

애니맨 사이트. 가구 조립, 전구/수전 교체 등 무슨 일이든 불러 해결할 수 있어 편리하다.

마타주, 1인가구 위주의 짐 보관업체 https://matazoo.net

1인가구 위주의 짐을 수거해서 보관해 주는 곳이다. 좁은 오피스텔이나 원룸에서 자취하는 사람들이 집을 좀더 넓게 쓰기 위해 이용하고, 원룸에서 자취하다가 셰어하우스로 입주하는 사람들도 종종 찾는다.

짐을 보관해 주는 마타주 사이트. 셰어하우스 입주자들이 간혹 이용한다.

집 앞까지 물건을 가지러 온다. 합리적인 가격과 친절로 이용객이 점점 늘어나고 있다.

1인가구 집꾸미기에 '오늘의 집' https://ohou.se

'오늘의 집' 사이트는 인테리어 정보 및 집 꾸미기와 관련된 쇼핑몰도 같이 운영하고 있다. 최근 1인가구의 증가에 발맞춰 원룸, 소형 아파트 인테리어가 많이 소개되고 있고, 1인가구에 유용한 가구와 가전제품, 소품 등도 구경하고 구입할 수 있다. 원룸 인테리어 사진도 다양하고 예쁘게 잘 나와 있어 룸별로 꾸밀 때 참고하면 감각 있는 느낌의 셰어하우스를 만들 수 있다.

1인가구 가구, 가전제품, 소품을 구입할 수 있고 원룸 인테리어 사진도 다양한 '오늘의 집'

셀프 인테리어 DIY 전문 손잡이닷컴 www.sonjabee.com

셀프 인테리어 DIY 전문 쇼핑몰 중 규모가 크다. DIY 제품은 직접 조립해야 하는 번거로움이 있지만, 가격이 완성품에 비해 저렴하고 택배로도 받을 수 있어 편리하다. 손잡이닷컴은 다양한 DIY 제품을 소개하고 판매하고 있는데, 자세한 후기들과 완성 사진들로 나도 할 수 있다는 자신감을 갖게 한다. 오프라인 매장도 운영하고 있어 인테리어에 관심 있는 사람들이 많이 찾고 있다.

셰어하우스를 운영하면서 문고리, 조명, 페인트, 선반 등 다양한 제품들이 필요할 때 이런 DIY 사이트에서 주문하면 유용하다.

간단한 DIY 셀프 인테리어 제품을 살 때 유용한 손잡이닷컴

자취생들의 워너비 조립가구 마켓비 www.marketb.kr

마켓비는 자취생들에게 인기 있는 조립가구 사이트이다. 이케아 스타일의 조립가구, 예쁜 인테리어 소품이 다양하다. 디자인 대비 가격이 저렴해서 원룸이나 셰어하우스 꾸미기에 좋다. 배송도 빠르고 조립도 간편하고 가격도 부담없다 보니 이용자가 늘어나 품절인 물품이 생겨

디자인 대비 가격이 저렴해 셰어하우스 꾸미기에 좋은 마켓비

아쉬울 때가 있다. 다양한 인터넷 쇼핑몰에도 입점해 있다.

수납가구 다양한 소프시스 www.sofsys.co.kr

'자취생들의 가성비 갑'이라고 하는 가구 쇼핑몰로 다양한 인터넷 쇼핑몰에도 입점되어 있다.

침대부터 책상, 의자까지 다양한 가구가 있고, 합리적인 가격으로 학생들이나 직장인들에게 유용한 사이트이다. 수납가구도 다양하게 나와 있어서 좁은 집이나 셰어하우스처럼 여러 명이 같이 생활하는 곳

가구와 소품 배치에 참고가 되는 '소프시스'

에 맞는 가구들이 많은 곳이다. 바로 구입하지 않더라도 자주 들어가서 보다 보면 가구와 소품들을 어떻게 배치하면 좋을지 인테리어 감각을 익힐 수 있다.

월세는 안정적으로 또박또박, 관리는 편하게~ 실제 경험을 바탕으로 입주자와 소통하며 수월하게 관리하는 노하우를 공개한다. 공동 운영과 양도 정보도 제공한다.

8

Part

월세는 또박또박, 관리는 수월하게

01 월세 정하기

장기간 안정적으로 운영하는 방법

입주자들을 다 채웠다면 안정적으로 운영하는 게 중요하다. 장기적으로 운영하려면 어떤 노하우가 필요할까?

첫째, 먼저 입주자들이 불편하지 않게 해 주어야 한다. 처음 오픈할 경우 입주자들이 필요한 물품을 요구하는 경우가 있는데 빠르게 대처하여 신뢰를 주어야 한다.

둘째, 소모성 가재도구는 가성비 좋은 것들로 구입해서 자주 교체해 주는 것이 좋다. 특히 냄비, 프라이팬, 식기 같은 경우 여러 사람이 사용하다 보니 낡고 깨지는 경우가 많다.

셋째, 입주자들과 소통하며 챙기는 모습을 보여 주어야 한다. 현재 운영하고 있는 셰어하우스들은 대학생 입주자들이 많다 보니 소소한 이벤트로 생일에 커피 기프티콘을 보내주고 있는데 요즘은 메신저에도 생일이 다 나온다.

또한 한두 달에 한 번씩 입주자들끼리 영화를 보고 오라며 표를 보내 주거나, 맛있는 간식을 시켜서 즐겁게 입주자 모임을 하도록 분위기를 만들어 준다. 입주자들끼리 친해지면 운영자가 편하다. 입주자들과 소통하고 노력하는 모습을 보이면 신뢰가 생기고 재계약으로 이어지며 장기간 안정적으로 운영할 수 있다.

월세는 어떻게 정할까?

입주자들의 월세는 아파트처럼 시세가 정해져 있는 것이 아니다. 대체로 방의 크기나 몇 인실이냐에 따라 다르게 책정한다. 주변 원룸의 월세에 영향을 받으므로 그 지역의 보증금과 월세를 조사하고, 인근에 셰어하우스가 있다면 같이 조사해서 참고한다.

1인실 월세는 인근 원룸 월세의 3분의 2, 2인실 월세는 1인실 월세의 3분의 2, 3인실 월세는 2인실 월세의 3분의 2 정도가 적당하다. 1인실>2인실>3인실 순으로 인기가 있다. 3인실의 경우 방이 매우 넓거나 대학 학기가 시작하는 시즌 때 도전해 볼 만하다.

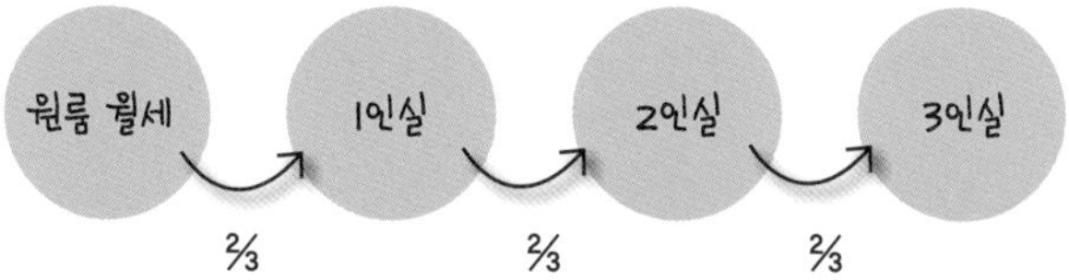

서울의 셰어하우스는 보통 보증금 100만원에 월세 35~48만원 정도이며, 지방은 보증금 50만원에 월세 22~35만원 정도이다. 계약기간은 지역마다 다른데, 대학 앞 셰어하우스는 6개월 이상 1년 정도이다. 반면 서울의 셰어하우스는 직장인들이 많이 오는데, 계약직이 많다 보니 본인이 언제까지 직장을 다닐 수 있을지 몰라 단기로 많이 계약한다. 3개월 기준으로 잡는 경우가 많다.

02
관리비와 공용비품비 관리하기

입주 상담을 할 때 월세 다음으로 많이 물어보는 것이 관리비이다. 월세가 낮아도 관리비가 높으면 한 달에 내야 하는 총 비용이 올라가기 때문이다.

서울을 비롯한 수도권의 경우 셰어하우스가 대체로 빌라 등이 많고 면적이 작기 때문에 관리비가 한 달에 5만원 정도인 곳이 많다. 지방 셰어하우스는 아파트가 대부분이고 평수도 넓다 보니 관리비를 N분의 1로 나누어 내는 경우가 많다.

우리도 강남의 경우는 빌라이고 면적이 크지 않아 관리비를 한 달에 5만원으로 책정해 놓았다. 하지만 천안의 경우는 아파트이고 대부분 대형 평수이다 보니 관리비를 N분의 1로 나누어 낸다.

공실이 있는 경우, 공용관리비는 운영자인 우리가 공실 인원수만큼 내고, 전기요금이나 가스요금이 등 실제 쓴 만큼 나오는 요금은 입주자들끼리 나눠서 내게 한다. 정수기와 인터넷 요금은 관리비에 같이 포함시켜서 인원수만큼 나눈다. 그래도 원룸의 경우 인터넷이나 정수기 요금 등을 혼자 부담해야 하지만 다같이 나눠내니 입주자들도 경제적이라고 생각한다.

기본 관리비 계산하기

우리가 운영하는 셰어하우스들은 관리비를 거의 N분의 1로 계산하는데, 추운 겨울 외에는 보통 한 사람당 평균 4~5만원 사이로 나온다.

1. 먼저 셰어하우스에 나오는 관리비를 모두 더한다. 정수기, 인터넷 요금까지 다 포함한다. 단, 전체 관리비에서 입주자들이 쓴 만큼 나오는 가스요금 등은 따로 분리해서 빼놓는다.

셰어하우스 관리비 계산하기

내역	비용	하루당 금액	개인별 금액(1/8명)
아파트 관리비	250,970원	8,366원	1,046원
정수기	29,900원	997원	125원
인터넷	22,900원	763원	95원
가스요금	39,000원	1,300원	163원
합계	342,770원	11,426원	1,428원

↓

입주자별 관리비 내역

현 입주자 6명, 공실 2명

입주자	관리비	입주일
OOO	42,846원	2019년 8월 25일
OOO	42,846원	2019년 8월 25일
OOO	42,846원	2019년 8월 28일
OOO	42,846원	2019년 9월 1일
OOO	며칠 전 입소로 관리비 없음	2019년 10월 6일
OOO	27,136원	2019년 9월 11일

관리비는 거주일만큼 낸다.

2. 그달이 30일이라면 관리비 합계를 30으로 나눈 다음 다시 입주자 명수로 나눈다. 그러면 한 명의 하루당 기본 관리비가 나온다.

3. 만약 그달의 중간에 들어온 사람이 있는 경우는 거주한 날짜 수를 곱한 만큼 낸다.

4. 따로 빼놓은 가스요금·전기요금·수도요금은 실거주자 수만큼 위와 같은 방법으로 계산해서 실제 거주자에게만 부담시킨다.

공용비품비 관리하기

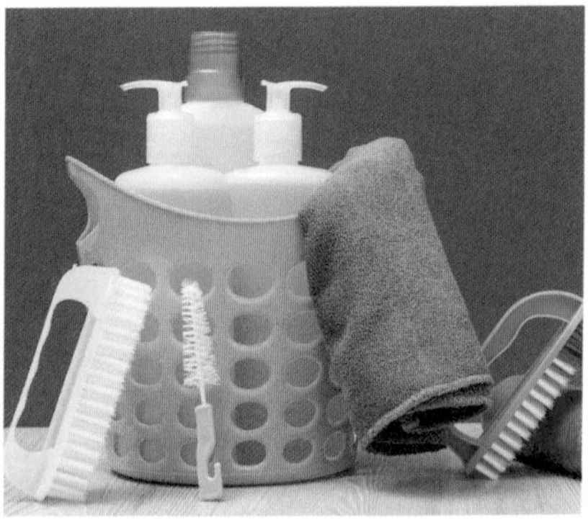

공용비품비는 셰어하우스에서 생활하는 데 필요한 생필품을 구입하는 데 들어가는 비용이다. 예를 들어 휴지 같은 경우 화장실에 갈 때마다 각자 들고 다니면 번거롭고 이름을 써놓는 것도 이상하다. 휴지뿐만 아니라 세탁세제·주방세제·청소세제나 행주, 수세미 등 공용비품은 개인이 사서 쓰기가 불편하다.

예전에 다른 셰어하우스에서 살다온 입주자의 경험을 빌리자면, 자기가 사다 놓은 휴지랑 세제, 음식물봉투 등을 다른 입주자가 계속 쓰는 것 같은데, 대놓고 말하기도 어려워서 결국 자기도 점점 안 사고 안 쓰게 되고 속앓이를 했다고 한다. 그래서 공용비품비를 매달 몇 만원씩 따로 걷는 곳도 있고 월세에 포함시키는 곳도 있다.

우리도 처음에는 월세를 낮추고 따로 1~2만원씩 공용비품비를 걷었다. 그런데 물품을 요구하는 범위가 점점 넓어지고, 가격을 일일이 까다롭게 따지는 경우가 많아 월세를 조금 올려 포함시키고 서비스 차원으로 제공하고 있다. 입주자들은 같은 돈이 들어가도 서비스로 제공하는 물품이냐, 따로 내가 내는 돈이냐에 따라 태도가 상반되게 달라진다.

우리가 운영하는 셰어하우스의 공용 서비스 물품

휴지, 치약, 샴푸, 린스, 바디워시, 비누, 종량제봉투, 음식물봉투, 세탁세제, 섬유유연제, 청소세제, 주방세제, 행주, 수세미, 고무장갑

03

입주자 관리
–방장 뽑고 단톡방 운영하기

단톡방 만들기

셰어하우스를 운영하려면 단톡방은 필수이다. 운영자와 입주자들 사이에서 소통의 창구가 된다. 공용물품이 떨어지면 단톡방에 요청할 수 있고, 입주자들 간에 건의사항이나 전달하고 싶은 말을 쓸 수 있으며 각종 공지도 올릴 수 있어 편리하다. 특히 운영자 입장에서는 공실이

셰어하우스별로 단톡방을 운영하면 편리하다.

있을 때 방을 보여주러 가거나, 집수리를 위해 방문할 때 미리 단톡방에 몇 시부터 몇 시까지 방문한다고 꼭 공지하고 가는 것이 좋다.

방장 뽑기

셰어하우스를 투잡으로 운영하거나 거리가 멀어 자주 방문하기 힘든 상황이라면 방장을 뽑아 관리할 수 있다.

방장은 반장처럼 운영자를 대신해 입주 희망자에게 집을 보여주고 입주자들 간의 분쟁 시 중재하는 관리자 역할도 할 수 있다. 대신 방장에게 월세 할인 등 다양한 혜택을 준다. 그런데 대학생 셰어하우스는 몇 만원의 월세 할인 혜택에도 지원하는 사람이 있지만, 직장인들은 일정한 수입이 있고 바쁘기 때문에 잘 안하려고 한다.

지원자가 없는 경우 나이가 많은 사람에게 방장을 권해 볼 수 있다. 우리 셰어하우스들에서도 가장 나이 많은 분이 청소나 작은 일처리 등을 맡아서 이끌고 있다. 나이가 어린 입주자들도 방장의 솔선수범하는 모습을 보며 잘 따르고 고마워한다.

다른 하나는 방장을 번갈아가면서 하는 방법이다. 지원자들이 여러 명인데 비슷한 또래라면 돌아가면서 하는 것이다. 방장 역할을 하는 기간을 한 달씩 너무 짧게 하는 것보다 두세 달씩 텀을 두어 하는 게 좋다.

그래도 안 되면 운영자가 방장 역할을 하면 된다. 직장인 셰어하우스는 거의 지원자가 없기 때문에 단톡방을 통해 관리비, 공지사항 등을 전달하면 된다.

04
셰어하우스에도 규칙이 필요하다

셰어하우스에도 규칙이 필요하다. 기숙사처럼 통금시간이 있는 것은 아니지만, 공동으로 함께 생활하는 만큼 다른 사람에게 피해를 주는 일이 생기지 않도록 미리 규칙을 정해 줘야 한다.

대표적인 항목은 다음과 같다.

-흡연 금지

-반려동물 금지

-가족이나 친구 방문 금지(만약 사정이 있을 경우 1시간 이내로 제한)

-위 규칙을 지키지 않을 경우 한 번 경고 후 퇴실한다.

규칙은 운영자들에 따라 달라질 수 있지만 큰 틀은 벗어나지 않는다. 너무 많은 규칙을 세워 놓고 지키라고 하면 오히려 입주자들이 부담스러워 할 수 있다. 큰 규칙들만 세워 놓고 세부적인 것들은 맞춰 나가면 된다. 실제로 셰어하우스를 운영해 보면 규칙을 어기는 경우가 많지 않다. 특히 퇴실까지 가는 경우는 거의 없으므로 너무 심각하게 생각할 필요는 없다.

공용공간 청소의 3가지 방법

셰어하우스를 안정적으로 운영하기 위해서는 청소가 중요하다. 개인 공간인 방은 각자가 알아서 청소하면 되지만 공용공간 청소는 체계적인 노하우가 필요하다. 주방·거실·화장실 청소, 음식물 쓰레기, 일반 쓰레기, 분리수거 등은 자율적으로 하도록 맡길 경우 하는 사람들만 하게 되고, 나중에는 하던 사람들도 자기만 하는 것 같아 안하는 경우가 태반이다.

대학생 커뮤니티에 가보면, 셰어하우스에 살고 있는데 음식물 쓰레기가 쌓여서 곰팡이가 생기고 먼지가 굴러다닌다는 글이 가끔 눈에 띈다. 이러한 문제점들을 해결하기 위해서는 3가지 방법이 있다.

첫째, 운영자가 1~2주에 한번 방문해서 청소하는 방법이다.

운영자는 주인이므로 공용공간을 성심성의껏 깨끗하게 청소하기에 입주자들의 만족도가 높다. 하지만 지점들이 많거나 직장을 다니면서 투잡으로 운영하는 경우 꾸준히 시간을 내서 정기적으로 청소하기가 어렵다.

둘째, 전문 청소업체에 맡기는 방법이다.

청소업체에 맡기면 운영자의 시간과 에너지가 절약되고 셰어하우스를 깨끗하고 쾌적하게 유지할 수 있다. 대신 월세나 관리비를 높게 책정해야 해서 입주자를 모집할 때 어려움이 있다. 요즘 전문 청소업체가 많은데 대부분 2시간 2만원대에서 4시간 4만원 선이다. 장소와 시간을 사이트에 올려놓으면 개인 사장님들이 보고 지원한다. 각 업체들마다 서비스 지역이 다르므로 잘 찾아보고 선택하면 된다. 우리는 분기별, 또는 입주자들이 동시에 계약기간이 끝나서 집이 좀 비워질 때 업체에 맡겨서 하루 날을 잡고 대청소를 하고 있다.

셋째, 입주 초 오리엔테이션에서 회의를 통해 정한다.

대학생 위주의 셰어하우스는 입주기간이 비슷한 경우가 많기 때문에 입주 초에 오리엔테이션을 열어 회의를 통해 청소 문제를 결정한다.

현재 운영 중인 셰어하우스는 입주자들 모두가 돌아가면서 공용공간을 청소하는데, 같은 방을 쓰는 사람들끼리 2인1조로 조를 짜서 가위바위보로 순서를 정하고 한 달씩 돌아가면서 하고 있다. 다른 방법

들도 해봤지만 이 방법이 가장 좋았다. 오리엔테이션 때 같이 의논해서 정한 것이라 입주자들도 만족하고 있다. 서로 소통하다 보면 이처럼 좋은 아이디어가 나오기도 한다.

우리는 한 달에 한두 번 셰어하우스를 관리하느라 방문하는데, 공용공간 청소 규칙을 정한 후로는 대체로 깨끗하게 유지되고 있고, 미흡한 부분들은 우리가 청소해 주고 분리수거와 쓰레기도 버려 주고 온다. 아예 운영자가 맡아서 하는 것과, 입주자들끼리 돌아가면서 하되 한 달에 한두 번쯤 운영자가 도와주는 것은 다르기 때문에 입주자들이 책임감을 갖고 집을 관리하는 편이다.

냉장고 관리 규칙

입주자의 옷이나 소지품들은 각자 방에 붙박이장이나 개인 행거 등 수납공간이 있어서 문제가 없지만, 음식을 보관하는 냉장고는 가장 관리하기 힘들고 난감한 경우가 많다.

냉장고는 칸마다 입주자 이름을 붙여주는 것이 좋다.

냉장보관이 필요 없는 식료품을 넣는 개인 바구니

공용수납장에도 이름표를 다는 것이 좋다.

실제로 기숙사에 살다가 셰어하우스로 옮겨오는 사람들이 많은데, 냉장고에 썩은 음식들이 굴러다녀도 주인이 누군지 몰라 치우지도 못하고 보관할 공간도 더 이상 없어서 매우 불편했다는 얘기를 들은 적이 많다.

우리도 셰어하우스를 운영해 보면 냉장고는 관리가 잘 안 되면 불편한 점이 많았다. 그래서 냉장실 칸마다 입주자 이름을 붙여주고 그 칸에다 보관하도록 했다. 한두 칸이 남는 경우 공용 보관 장소로 만들어 자기 칸이 부족한 경우 더 쓸 수 있게 했다.

이렇게 하면 나중에 그 사람이 퇴실하면 그 칸의 음식들을 다 버릴 수 있어 정리가 수월하다. 또한 입주자들도 자기 칸이 다 차면 상한 음식을 스스로 버리게 되고, 누가 자기 음식을 먹었다는 민원도 거의 없어졌다.

햇반이나 시리얼 등 냉장보관이 필요 없는 식료품은 개인 바구니를 지정해 주면 서로 섞이지 않아 관리가 편하다. 신발장이나 싱크대, 공용 수납장도 구분해 주면 좋다. 입주자들은 운영자가 자신만의 개인공간을 나눠 주고 불편한 사항을 해결해 주는 것을 좋아한다.

05
공동 운영이 좋은 6가지 이유

우리는 셰어하우스를 공동으로 운영하고 있는데 장점이 많다.

첫째, 공실 리스크가 적다.

공동투자를 하면 공실이 생겨도 리스크를 둘이서 반으로 나눌 수 있어 부담이 적다.

둘째, 지점을 확장하기가 좋다.

셰어하우스는 꾸준히 관리하며 홍보하고 입주자들을 모아야 한다. 혼자서 운영하면 수익률이 더 좋을 수 있지만, 지점을 공격적으로 늘려나가는 데 한계가 있다. 셰어하우스는 아예 모르고 안하는 사람들은 있어도, 하나만 운영하는 사람은 거의 없다. 운영 중인 셰어하우스까지 가는 시간과 에너지를 효율적으로 쓰기 위해서라도 같은 지역에 여러 개를 운영하는 경향이 있다. 공동 투자로 셰어하우스를 운영하면 손실액이 적다 보니 자신 있게 지점을 확장할 수 있다.

셋째, 비용 절감 면에서 좋다.

공동 투자로 리스크를 줄이면서 지점을 확장할 경우 홈페이지나 블로그, 카페 등에 홍보할 때 개설비용이나 유지비 등을 아낄 수 있다.

넷째, 규모의 경제를 활용할 수 있다.

지점이 많아져서 규모가 커지면 비슷한 가구나 가전제품, 공용물품들을 동시에 사야 하는 경우가 많다. 한두 개씩 소량으로 사면 인터넷 쇼핑몰이 저렴할 수 있지만, 대량 구입할 때는 회사로 직접 전화해서 알아보면 더 저렴하게 살 수 있다. 가전제품 같은 경우도 지역의 설치 기사를 알아두면 인터넷 가격보다 저렴하게 구매하고 설치할 수 있다. 원하는 배송 날짜와 시간을 지정할 수 있는 것도 대량주문의 장점이다.

다섯째, 시간 활용이 수월하다.

입주 희망자가 집을 보러 올 때, 또는 관리를 위해 방문할 때 서로 번갈아가며 갈 수 있으니 시간 활용 면에서도 좋다.

여섯째, 전문적인 일처리가 가능하다.

각자 잘하는 분야를 맡아서 전문적이고 체계적으로 운영하다 보면 지점이 늘어나고 규모가 커져도 안정적으로 잘 운영할 수 있다.

일곱째, 셰어하우스를 브랜드화하기 수월하다.

공동으로 운영하면 지점을 늘리는 데 힘이 덜 들고 홍보 효과도 커지고 입주 희망자들의 신뢰도 커지게 된다.

사전 계약서를 작성하고 공증도 하자

공동 투자 및 운영에는 주의할 점이 있다. 투자자들이 셰어하우스를 정리하고 싶은 시기가 서로 다를 수 있다. 특히 자가 셰어하우스의 경우 투자금이 많이 들어가다 보니, 한쪽이 목돈이 필요해 셰어하우스를 그만하고 싶다는 생각이 들 수 있다. 이런 경우를 대비해 시작 전에 협의를 통해 원칙을 정해야 한다. 이를테면 매각할 때는 매매가가 올랐어도 투자금만 돌려준다든지 하는 사항을 넣어 사전계약서를 작성하고 공증도 받아두는 것이 좋다.

알돈신잡- 셰어하우스 양도하기

갑자기 개인 사정으로 계속 운영하기 힘든 경우, 셰어하우스 운영자들의 카페, 또는 본인이 운영하는 블로그에 사정을 올려 양수할 사람을 찾을 수 있다. 셰어하우스를 시작해 보고 싶지만 인테리어와 세팅이 막막한 사람들이 양도 물건에 관심이 많다.

간혹 지금 만실이라고 해서 권리금을 높게 주고 넘겨받는 경우가 있다. 하지만 만실은 단기 입주자들로도 채울 수 있으므로 주의해야 한다. 양수하는 경우, 전대차는 집주인과 협의해서 다시 계약서를 써야 한다.

운영권을 양도할 때는 가구 일체와 인테리어에 들어간 비용을 권리금으로 받는다. 일반적으로 800~1,500만원 정도이다. 셰어하우스는 이처럼 다른 자영업에 비해 리스크가 적은 편이다.

돈 없이 시작하는 월세 투자 또 하나의 방법 에어비앤비. 입지 및 주택 선택법, 인테리어, 호스팅, 관리까지 꼼꼼하게 노하우를 공개한다.

9

Part

두번째 월세받기 쉬운 비법
에어비앤비

01

에어비앤비 왜 관심이 높아졌을까?

셰어하우스 외에 부동산을 이용해서 월세를 받는 방법은 어떤 것이 있을까? 수익형 부동산으로 대표적인 것은 오피스텔, 상가, 지식산업센터 등 여러 가지가 있다. 하지만 이런 부동산은 투자에 돈이 많이 든다. 이 책은 투자금을 별로 들이지 않고도 매월 월세처럼 수익을 올릴 수 있는 방법을 알아보고 있다. 대표적으로 셰어하우스, 에어비앤비, 공유 오피스, 스페이스클라우드 등이 해당한다.

공유경제가 에어비앤비를 불러오다

공유경제(Sharing Economy)는 2008년 하버드대학의 로렌스 레식 교수가 처음으로 사용한 말로, 자신이 소유하고 있는 여유자원을 돈을 받고 다른 사람들과 나누어 사용하는 것을 말한다. 예전에는 제품들을 돈을 주고 사서 소유하며 사용했는데, 이제는 함께 공유하고 교환하거나 대여하는 것이 일상화되고 있다.

우리가 흔히 보는 공유 서비스로는 차량 공유 서비스인 우버와 타다, 숙박 공유 서비스인 에어비앤비, 사무실 공유 서비스인 위워크나 패스트파이브 등이 있다. 우리는 이중에서 집을 사거나 임대한 후 공유 서비스를 통해 돈을 벌 수 있는 에어비앤비에 대해 살펴보자.

우리나라 에어비앤비 시장은 얼마나 클까?

에어비앤비는 숙박 공유 플랫폼 회사이다. 200개 가까운 국가의 7만 개가 넘는 도시에 진출해 있으며 한 해 이용자가 7,000만명이 넘는다. 우리나라는 2018년 이용자가 290만 명에 달하며, 중국·미국·싱가포르·홍콩 등의 외국인 이용자들이 많이 찾고 있다.

에어비앤비 서비스는 내가 소유하거나 임대한 집 전체, 또는 빈 방 등을 여행객이나 잠시 머물 사람에게 빌려주는 것이다. 집을 빌려주는 주인을 '호스트(Host)'라고 하고, 집이나 방을 숙소로 빌리는 사람을 '게스트(Guest)'라고 한다.

집을 통으로 빌려주는 경우도 있고 방 한 칸만 빌려주는 경우도 있다. 호스트는 남는 빈 방이나 집을 빌려주고 숙박비를 받아서 좋고, 게스트는 호텔보다 싼 가격에 내 집처럼 편안하게 지낼 수 있어서 좋다.

게스트가 숙소를 예약하며 에어비앤비에 숙박요금을 내면, 호스트는 게스트가 체크인하고 24시간 후에 에어비앤비로부터 숙박요금을 받는다. 숙박 공유 플랫폼인 에어비앤비는 호스트와 게스트를 서로 연결해 줌으로써 수수료를 받는다. 집주인을 보호하는 보험도 있는데, 절도나 기물파손 등을 당하면 에어비앤비 호스트 보호 프로그램을 통해 최대 10억원까지 보상받을 수 있다.

02
어떤 지역, 어떤 집이 좋을까?

요즘은 에어비앤비를 이용한 숙박이 활성화되어 지인들 중에서도 해외여행 시 이용하는 사람들이 늘고 있다. 맘에 맞는 집을 비교적 저렴하게 구할 수 있어서 만족도가 높은 편이다.

어떤 지역에 많을까?

우리나라의 경우 에어비앤비 게스트는 기본적으로 외국인들이다(내국인 숙박은 불법, 단, 한옥 체험 등 내국인도 묵을 수 있게 허용된 숙소가 있다). 따라서 외국인 여행객들의 주된 동선에 있는 곳이 좋은 에어비앤비 숙소의 입지라고 할 수 있다. 이를테면 한국의 대표적인 방문지, 관광지, 인천공항철도나 공항버스 등으로 한번에 쉽게 이동할 수 있는 곳이다.

에어비앤비 자료와 뉴스래빗에 따르면 2019년 1월 현재 전국의 에어비앤비 숙소는 약 4만 5,600곳인데, 그중에서 서울시가 1만 8,200여 곳으로 전체의 40%에 달한다. 서울시에서도 고궁과 인사동·가회동·남산한옥마을·남대문시장 등이 있는 종로구와 중구, 홍대거리와 외국인 밀집지역인 이태원 등이 가까운 마포구와 용산구·서대문구, 그리고 신사동과 청담동이 가까운 서초구와 강남구 등에 숙소가 많다. 강남

서울시의 에어비앤비 숙소

기준: 2019년 2월 출처: 뉴스래빗, 에어비앤비

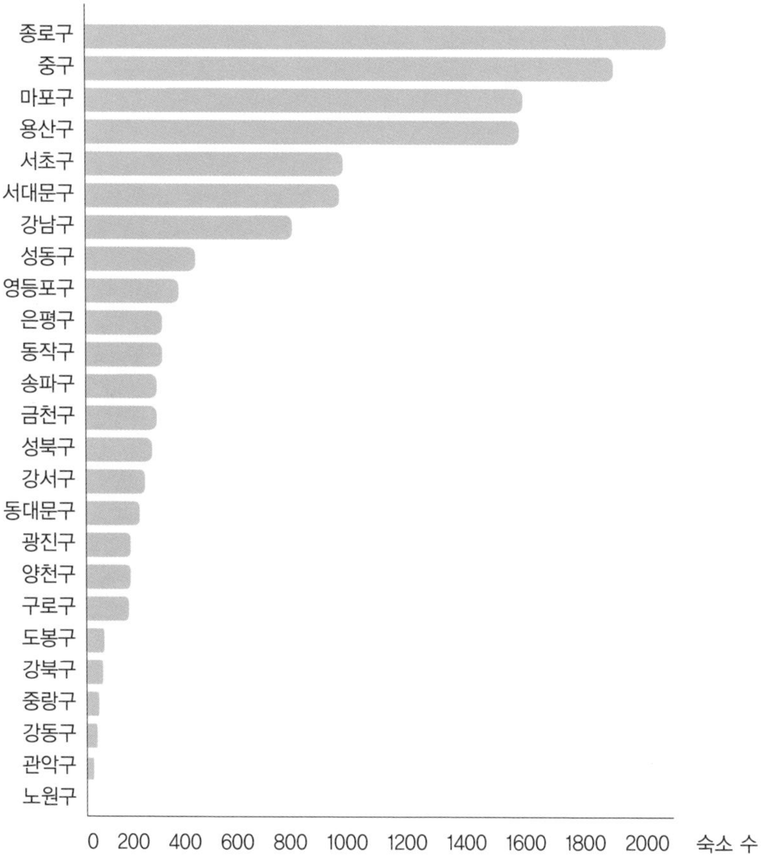

보다 강북에 더 많은데 게스트가 주로 한국을 방문하는 외국인 여행객이기 때문이다.

그런데 에어비앤비 숙소가 밀집되어 있는 곳들은 서울 중에서도 도심이거나 강남 쪽이라 월세가 높다. 게다가 이런 지역은 숙소가 많다 보니 경쟁도 치열하다. 따라서 비교적 전철역에 가까우면서도 월세가 서울시 에어비앤비 숙소 분포 출처: 한국도시지리학회지 제21권 1호 2018.

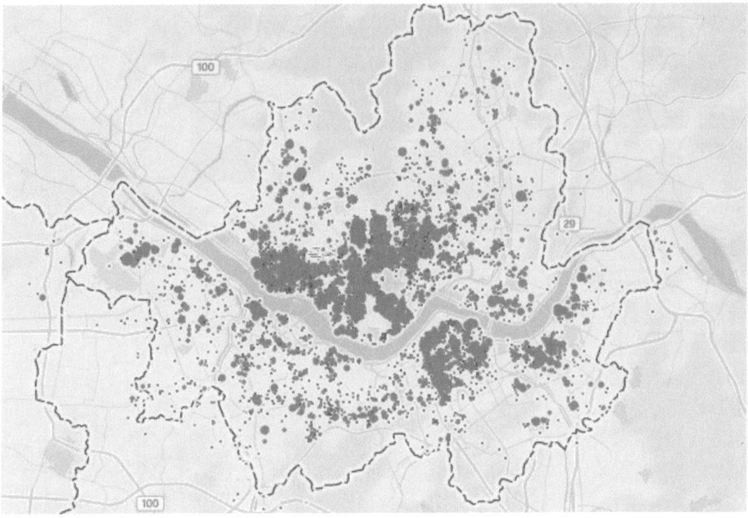

저렴한 집을 구해 외국인들의 구미에 맞게 꾸미고 운영하는 노하우가 중요하다.

또한 월세가 좀 저렴하면서도 외국인 게스트가 찾을 만한 입지를 개발할 수도 있다. 이를테면 상암지역은 방송국이 많다 보니 아이돌 팬들이 자주 찾으며 신촌, 홍대거리나 고궁이 많은 중구와의 접근성도 비교적 좋은 편이라 고려해 볼 만하다. 또한 인천 등 공단 밀집지역에는 면접이나 친구 방문을 위해 오는 외국인 게스트 수요도 있다고 한다.

어떤 숙박 유형을 선호할까?

서울시의 공유 숙박에 관한 자료에 따르면, 집 전체를 임대하는 경우가 49%로 가장 많았고 1인실은 41.5%이며 다인실은 9.5%였다. 셰어하우스처럼 다인실보다 1인실 선호도가 훨씬 높았다.

단독주택·아파트·다가구주택·연립주택·다세대주택 등은 가능하지만, 도시형 생활주택, 원룸텔, 다중주택, 다가구주택 내 원룸·오피

클러스터별 숙소 수 및 구성 비율

기준: 2017년 출처: 에어비앤비 데이터 공유

구분			숙소 수	임대 유형별 비율(%)		
				집 전체	개인실	다인실
서울시 전체			11,505	49.0	41.5	9.5
도심	소계		1,936	50.9	41.1	8.0
	1	시청, 명동	1,163	45.5	46.7	7.8
	2	서울역	726	74.2	20.7	5.1
	3	이태원	579	43.2	40.9	15.9
	4	동대문	549	53.7	38.6	7.7
	5	신당, 숭인	315	54.9	40.3	4.8
	6	북촌	253	24.1	73.1	2.8
	7	대학로	129	35.7	51.9	12.4
	8	서촌	89	48.3	47.2	4.5
강남	소계		1,121	67.7	24.1	8.3
	1	강남역	775	74.8	20.1	5.0
	2	신사동	436	56.0	31.2	12.8
	3	코엑스	273	72.5	15.8	11.7
	4	청담동	173	57.2	37.0	5.8
홍대-신촌	소계		1,348	45.2	40.6	14.2
	1	홍대입구	2,179	46.8	38.5	14.6
	2	신촌	556	25.7	59.7	14.6
	3	공덕	246	75.2	15.0	9.8

스텔·불법건축물 등은 에어비앤비 숙소로 사용할 수 없다.

에어비앤비 숙소로 사용할 집은 셰어하우스와 마찬가지로 수리가 되어 있는 집을 얻어야 투자비용이 덜 들어 좋으며, 외국인들이 사용할 집이므로 깔끔하고 아늑한 집이어야 한다.

좋은 집을 구하는 방법에 대해서는 셰어하우스 파트에서 자세하게 설명하였으니 잘 살펴보고 동일한 방식으로 구하면 된다. 다만, 입지를 선정할 때는 앞에서 말한 대로 공항버스 정류장에서 가까운 곳, 지하철역 근처가 좋으며, 게스트들은 캐리어를 가지고 다니기 때문에 빌라일 경우 엘리베이터가 있는 곳으로 하는 것이 좋다. 무엇보다도 주로 외국인들이 단기로 머무는 숙소이므로 체크인·체크아웃·침구정리·청소·세탁들의 문제를 해결하기 위해서는 운영자가 살고 있는 곳과 가까운 곳이 좋다.

숙박요금은 얼마나 할까?

에어비앤비의 숙박요금은 호스트가 정하기 나름이긴 하지만, 대략 어느 정도 수준인지 알면 더 많은 게스트를 유치하는 데 도움이 될 것이다.

서울의 경우 집 전체를 빌리는 기준으로 하루에 58~134달러로 우리 돈 6~14만원 정도이다. 좀 적다 싶을 수 있는데, 서울은 아파트 가격이 비싸다 보니 원룸이나 투룸을 숙소로 활용하는 경우가 많기 때문이다. 한옥 숙소가 많은 북촌의 숙박 요금이 가장 높고 집값이 비싼 청담동도 요금이 비싸다.

서울시의 에어비앤비 숙소 유형별 요금

단위: 달러/1박 출처: "서울시 숙박공유업체 에어비앤비의 특성과 공간분포 분석", 국토지리학회지 제21권 1호 2018.

상위 클러스터	하위 클러스터		집 전체	개인실	다인실
도심	1	시청, 명동	69	50	24
	2	서울역	67	40	28
	3	이태원	77	39	19
	4	동대문	64	52	22
	5	신당, 숭인	59	44	19
	6	북촌	134	82	110
	7	대학로	67	45	32
	8	서촌	92	68	104
강남	1	강남역	65	41	28
	2	신사동	67	37	25
	3	코엑스	101	55	26
	4	청담동	133	42	40
홍대	1	홍대입구	68	46	19
	2	신촌	60	37	21
	3	공덕	58	39	14

주: 숙소 비용은 1박 기준이다.

만약 게스트가 한달에 24일 정도 이용한다면 수익은 140만원에서 336만원 정도일 것이다. 예를 들어 집을 월세 보증금 1,000만원, 월세 80만원에 빌려 에어비앤비 숙소로 사용할 경우, 해당 호실을 한 달 중 24일, 하루 12만원에 게스트를 유치한다면 공과금 및 청소비용 등을 30만원으로 계산할 경우 연 수익률은 131%로 굉장히 높음을 알 수 있다.

만약 3~4개 호실을 운영한다면 웬만한 중소기업 직장인의 월급 이상의 수익을 얻을 수 있다. 이처럼 수익률이 높다 보니 최근 서울 도심의 빌라나 오피스텔을 여러 채 빌려서 에어비앤비 사업을 하는 사람들이 늘어나고 있다.

에어비앤비 자금 및 수익률

항목	금액	비고
월세 보증금	10,000,000	
중개수수료	300,000	
인테리어 및 시설비	6,000,000	
투자금액	16,300,000	
월세	800,000	
월 매출	2,880,000	24일×12만원
관리비	300,000	공과금, 청소비용 등
월 수익	1,780,000	
연 수익	21,360,000	
수익률	131.04%	

03

에어비앤비 인테리어는 어떻게 할까?

게스트들은 에어비앤비 사이트에서 자신이 원하는 장소 및 숙소 유형으로 검색한 후 여러 숙소들의 사진과 정보를 비교해 보고 예약한다. 또한 에어비앤비는 게스트들이 이용한 후 쓴 후기에서 높은 점수를 준 숙소를 상위에 노출한다.

다음은 실제로 에어비앤비에서 서울시 마포구를 중심으로 검색한 것이다. 화면 오른쪽에는 지도와 함께 숙소의 요금이 표시되며, 왼쪽에는 숙소 사진과 함께 기본적인 옵션 등의 내용이 나타난다. 에어비앤비 숙소의 수익률을 높이려면 어떻게 해야 할까?

첫째, 게스트들이 숙소에 묵을 때 불편함이 없도록 필요한 옵션을 모두 갖추어야 한다. 침대, 욕실, 주방, 세탁기, 무선인터넷 등 호텔이나 콘도에 구비되어 있는 제품들을 모두 세팅한다

둘째, 우리나라 에어비앤비의 게스트는 외국인들이므로 그들이 선호하는 스타일로 숙소를 세팅해야 한다.

셋째, 외국인 게스트들도 쉽게 사용할 수 있도록 전자제품이나 주요 시설들에는 영어로 사용법에 대한 안내문을 반드시 붙여 놓아야 한다. 만약 중국인이나 일본인이 많이 숙박한다면 중국어나 일본어 안내문도 붙이는 것이 좋다.

넷째, 공간을 최대한 활용하여 넓지 않더라도 효율적이고 쾌적한 공간으로 만들어야 하며 항상 청결하게 유지해야 한다.

다섯째, 기본적으로 에어비앤비 사이트에는 숙소의 각 부분별 사진 및 편의시설 사진을 20장 이상 올려야 한다. 인테리어를 꼼꼼하고 세심하게 하고 홍보 사진을 잘 찍어 게스트가 사진만 보고도 선택할 수 있도록 꾸며야 한다.

편의시설 리스트

무선인터넷, 케이블TV, 노트북 작업 공간,

중앙 난방 또는 숙소 내 히터 비치, 온수,

TV, 에어컨, 세탁기,

침대시트, 수건, 비누, 화장지,

주방시설, 디지털 도어록,

헤어드라이어, 다리미, 옷걸이, 샴푸, 침구, 소화기,

화재감지기, 구급상자 등, 외부 주차

전체적으로 벽지나 침구류는 화이트톤으로 하는 것이 넓고 깔끔해 보인다. 가구는 주로 이케아 등에서 구매하여 배치하고, 가전제품은 1인 가구에서 사용하는 소형으로 준비하면 된다.

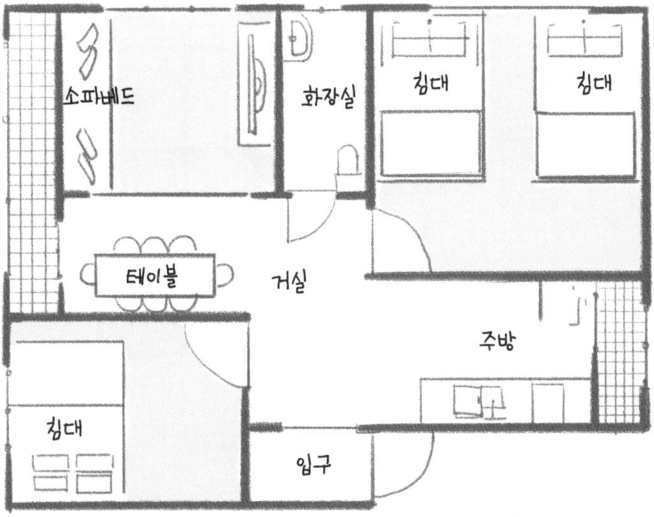

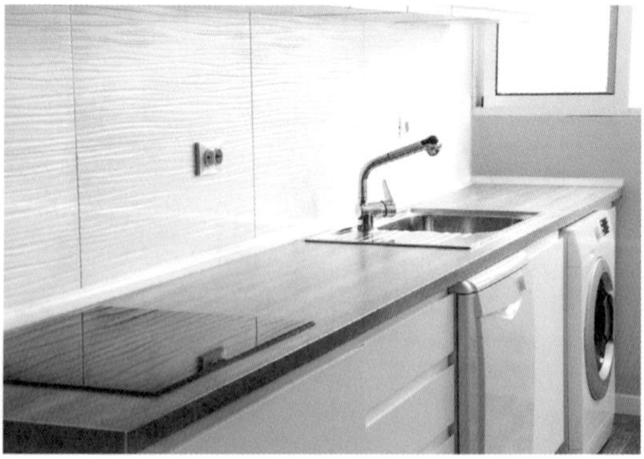

04

에어비앤비 사업자 등록하기

에어비앤비를 운영하기 위해서는 외국인관광 도시민박업으로 등록해야 한다. 외국인관광 도시민박업은 기본적으로 홈스테이와 같이 호스트(집주인)가 함께 거주해야 하며, 전체 방 중 남는 방을 게스트에게 빌려주고 화장실과 주방 등을 공유하는 개념이다.

1. 먼저 도시민박업으로 신청 및 접수를 한다. 시군구 구청의 관광과를 방문하여 다음과 같은 서류를 제출하면 된다.

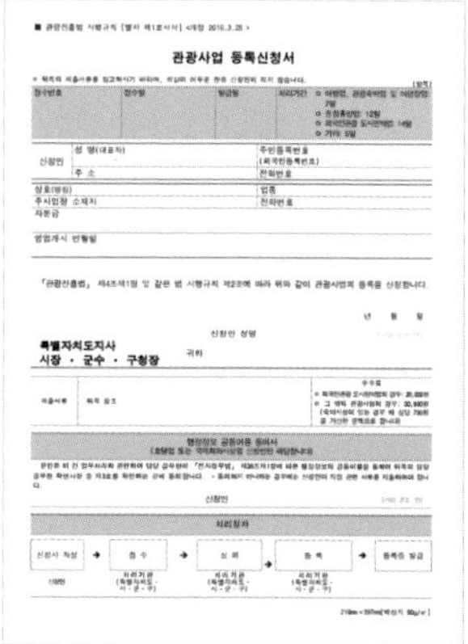

관광사업 등록신청서

성 명(대표자)
주민등록번호
(외국인등록번호)
주 소
전화번호
상호(명칭)
업종
주사업장 소재지
전화번호
자본금
영업개시 연월일

「관광진흥법」 제4조제1항 및 같은 법 시행규칙 제2조에 따라 위와 같이 관광사업의 등록을 신청합니다.

년 월 일

신청인 성명

특별자치도지사
시장 · 군수 · 구청장 귀하

처리절차

신청서 작성 → 접수 → 심의 → 등록 → 등록증 발급

- 관광 사업등록신청서
- 사업계획서
- 기본증명서: 성명, 전화번호, 주소 등을 기재한 서류
- 부동산의 소유권을 증명하는 서류, 임차인의 경우 임대차 계약서 및 집주인의 동의서(단, 임대차 계약서의 특약사항에 "임차인의 게스트하우스 운영, 에어비앤비 운영에 동의함." 또는 "임대인은 임차인의 단기임대 및 전대에 동의함"이라는 문구가 있을 경우에는 동의서가 필요없음)

–평면도 또는 시설배치도

2. 구청에서 실사를 나와서 현장점검을 받게 되며, 특별한 문제가 없으면 심사가 완료되고 '외국인관광 도시민박업' 등록증이 나온다.

3. 구청에서 등록이 완료되면, 다음으로는 세무서에서 사업자등록을 해야 한다. 이때 업종은 '숙박업', 주종목은 '외국인관광 도시민박업'으로 하면 된다. 필요한 서류는 다음과 같다.

–외국인관광 도시민박업 등록증(구청 관광과 발급 등록증)

–사업자등록 신청서

–주택 임대차 계약서(임차 시), 등기부 등본(자가 소유 시)

–신분증

–동업계약서(운영자가 한 명 이상일 때)

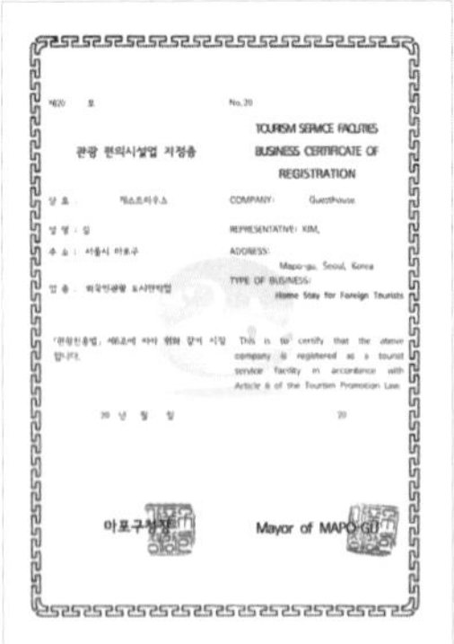

05

에어비앤비에서 호스팅하기

이제 에어비앤비 사이트에 가입한 후에 호스트로 등록해야 한다. 호스트는 숙박 서비스를 제공하는 주인을 말한다. 아파트, 빌라, 단독주택 등 모든 주택이 가능하다. 호스팅을 하는 단계를 따라가 보자.

1. 에어비앤비 사이트(www.airbnb.co.kr)에 접속한 다음에 회원가입을 한다. 필수는 아니지만 신뢰 받는 호스트가 되기 위해서 몇 가지 추가정보를 요구하는데 화면에 따라 입력하면 된다. 그런 다음 화면 상단에서 '호스트가 되어 보세요'를 누른다.

2. 숙소로 제공할 집 등록하기

먼저 등록할 숙소의 종류를 묻는 화면이 나온다. 종류와 건물 유형을 선택한다. 그런 다음 게스트가 묵게 될

숙소 유형을 물으면 집 전체, 개인실, 다인실 중에서 선택하고, 기타 질문에도 대답한 후 〈다음〉을 누른다.

3. 숙박 날짜 입력하기

에어비앤비 숙소 등록을 마쳤다면, 집을 빌려줄 수 있는 숙박 날짜를 입력한다. 다음과 같은 항목을 모두 입력해야 한다.

–숙박 가능 날짜

–최소/최대 숙박일 수

–예약 가능 기간

–체크인 전 예약준비 기간 필요 여부 체크

4. 숙소요금 입력하기

이제 빌려줄 집이나 방의 하루당 숙소요금을 입력하는 단계이다. 기본적으로 숙소요금은 호스트가 맘대로 책정해도 된다. 하지만 여행객들도 여러 숙소와 요금을 비교해 보고 예약할 것이므로 내 집과 비슷한 지역, 주택 유형, 주택 크기 등에 따라 다른 호스트들은 가격을 얼마로 책정하는지 미리 살펴보는 것이 좋다.

다음은 숙소요금을 입력할 때 필요한 항목이다.

–기본 사용료

–청소비

–주간 할인

–연중 특정기간 특별가 제공 여부 등

기본 사용료는 1박당 받을 숙소요금을 입력하면 된다. 사용료는 원하는 금액을 자유롭게 책정할 수 있다. 청소비는 1박당 요금에 포함할 수도 있고 별도로 청소비를 따로 받을 수도 있다. 호스트가 정하기 나름이다. 주간 할인은 장기로 숙박하는 게스트에게 할인혜택을 주는 항목이다. 주간/월간 할인을 해 줘도 되고, 또는 호스트가 직접 얼마를 묵으면 할인해 줄지 날짜를 지정해도 된다. 할인율은 호스트가 정하면 된다.

5. 숙소 이용 규칙 설정하기

호스트는 내 집을 제공할 때 게스트에게 기본적인 이용 규칙을 설정할 수 있다. 또한 예약하는 게스트에게 신분증 인증을 요구할 수도 있다. 그리고 게스트는 숙소 이용 규칙에 동의해야 한다.

한편 집을 빌려주는 호스트 입장에서는 너무 지저분하게 사용하거나 고성방가를 하여 이웃의 항의를 받는 게스트는 피하고 싶을 것이다. 이런 경우 예약을 신청한 게스트가 이전 에어비앤비 숙박에서 받은 후기를 확인하면 된다.

6. 숙소가 사이트에 게시되면 설정한 예약 조건에 부합하는 게스트에게서 연락이 오게 된다. 게스트가 체크인을 하면 호스트는 24시간 후에 페이팔, 계좌 입금 등으로 숙박비를 입금받게 된다. 이때 에어비앤비는 숙소가 예약되면 3%의 서비스 수수료를 받는다

06 에어비앤비 관리하기

에어비앤비를 운영하기 위해서는 관리자가 신경 쓸 부분이 많다. 에어비앤비 사이트에서 다른 숙소보다 상위에 랭크가 되어야 노출이 잘되고 공실 없이 높은 수익을 올릴 수 있기 때문이다.

사이트 내 상위에 랭크가 되려면 실제 이용자들의 후기가 매우 중요하다. 좋은 후기를 받으려면 어떻게 해야 할까?

외국인 게스트들이 게스트하우스로 쉽게 찾아올 수 있고 시설을 쉽게 사용할 수 있게 준비해 두어야 한다. 그렇지 않으면 문의가 계속 오고 답변을 주는 과정에서 많은 시간이 걸리고 서로 스트레스가 쌓이게 된다. 따라서 공항버스 타는 법, 숙소까지 찾아오는 방법, 지도 등이 담긴 체크인 가이드북을 만들어 사전에 예약한 게스트에게 이메일 또는 SNS로 보내주는 것이 좋다.

숙소 내의 각종 가전제품이나 기구 옆에는 사용법을 영어, 중국어, 일본어 등으로 알기 쉽게 작성해 준비해 놓아야 한다. 또한 숙소를 사용하고 체크아웃을 하게 되면 반드시 내부 청소, 침구 세탁을 해서 항상 청결한 상태를 유지해야 한다.

최근에는 숙소 청소 등을 전문적으로 대행해 주는 업체 등도 있어서 수고를 덜어주기도 한다.

에어비앤비 세금

외국인관광 도시민박업은 숙박업에 해당하므로 부가가치세와 종합소득세 과세 대상이다. 부가가치세는 서비스 판매가의 10%이다. 외국인관광 도시민박업은 일반과세자에 해당하며 매년 2번(1월, 7월) 수입을 신고하고 납부해야 한다.

과세자별 과세기간 및 신고/납부기한

출처: 국세청(2019년 상반기 신규사업자가 알아두면 유익한 세금정보)

구분	과세 기간	확정신고 대상	확정신고, 납부기한
일반과세자	제1기 1.1~6.30	1.1~6.30 사업 실적	7.1~7.25
	제2기 7.1~12.31	7.1~12.31 사업 실적	다음해 1.1~1.25
간이과세자	1.1~12.31	1.1~12/.31 사업 실적	다음해 1.1~1.25

* 일반과세자는 4월과 10월에 세무서장이 직전 과세기간의 납부세액을 기준으로 1/2에 해당하는 세액을 예정고지하고, 간이과세자는 7월에 세무서장이 직전 과세기간의 납부세액을 기준으로 1/2에 해당하는 세액을 예정부과하며, 당해 예정고지, 부과세액은 다음 확정신고 납부 시에 공제된다.

세액 계산방법은 다음과 같다.

> 납부세액=매출세액(매출액×10%)−매입세액

매출액은 에어비앤비로 발생한 숙박료 수입이 되며(부가세 10%가 포함된 금액임), 매입세액은 에어비앤비를 운영하기 위해 발생하는 물품 및 서비스 구입 비용들이다. 사업자용 신용카드 또는 세금계산서로 처리하면 매입세액으로 잡아주어 세금을 아낄 수 있다. 또한 현금 사용 시

세금계산서, 계산서, 신용카드, 현금영수증, 3만원 이하의 간이영수증을 받으면 나중에 종합소득세 계산 시 비용으로 처리할 수 있다.

종합소득세는 전년도의 모든 과세대상 소득을 합산하여 다음해 5월 1일부터 31일까지 주소지 관할 세무서에 신고 납부해야 한다. 만약 운영자가 직장인이라면 근로소득과 합산되며, 연금을 받거나 이자 소득이 있는 경우에도 합산된다. 소득은 총수입금액에서 필요경비를 뺀 것이다.

종합소득세 산출세액의 계산방법은 아래와 같다. 종합소득세 기본세율은 154쪽을 참조하기 바란다.

종합소득세 산출세액 = (과세표준×세율) − 누진공제

셰어하우스와 에어비앤비, 내게 맞는 것은?

셰어하우스와 에어비앤비 모두 내가 집을 직접 소유하지 않고도 월세 수익을 올릴 수 있다는 점에서는 비슷하다. 하지만 각각의 장단점이 있기 때문에 자기에 맞는 것을 선택하는 것이 중요하다.

다음의 표는 셰어하우스와 에어비앤비 사업을 비교한 것이다. 셰어하우스는 관리 및 세금 측면에서 유리하지만, 애어비앤비는 월 수익금 및 수익률이 더 높다.

결국 관리가 좀 더 편한 것을 선호한다면 셰어하우스를 선택하고, 수익금과 수익률을 우선시한다면 에어비앤비를 선택하는 것도 방법이다.

셰어하우스와 에어비앤비의 비교

항목	셰어하우스	에어비앤비	비고
법적 구분	주택임대업	숙박업	셰어하우스 유리
세금	종합소득세 대상	부가가치세, 종합소득세 대상	셰어하우스 유리
입주자 기간	2개월~1년	1일~1개월	셰어하우스 유리
거주자	개인	가족 및 개인	셰어하우스 유리
수익률	50~100%	100~200%	에어비앤비 유리
월 수익금	50~120만원	100~200만원	에어비앤비 유리
청소 등 관리 난이도	작다	크다	셰어하우스 유리
홍보수단	블로그, 피터팬 등	에어비앤비 사이트	에어비앤비 유리

꼬마 사무실로도 월세보다 높은 수익률을 올릴 수 있다. 작은 공간을 활용하여 최소한의 비용을 들여 꼬마 공유 오피스로 만들어 수익률을 올린 저자의 경험담과 노하우를 공개한다.

10

Part

세번째 월세받기 쉬운 비법

알아서 굴러가는 꼬마 공유 오피스

01

공유 오피스가 각광받는 이유

공유 오피스(Share Office)는 1인 기업이나 프리랜서, 또는 소규모 회사에 사무실 공간을 임대하는 사업이다. 주로 상가나 사무실을 자가 또는 임차하여 이들에게 재임대한다. 최근 공유 오피스가 각광받는 이유는 무엇일까?

1인 기업이나 스타트업의 비용 절감 노력

공유 오피스는 사무실 공간뿐만 아니라 회의실을 제공하며 경우에 따라서는 라운지가 있는 경우도 있다. 복사기 등을 공동으로 이용할 수 있고 정수기 등 식음료를 제공하기도 한다. 전기요금·수도요금·인터넷요금·공과금까지도 이용요금에 포함되기 때문에 따로 들어가는 비용이 없다.

게다가 공유 오피스는 짧게는 1~2개월부터 1년 이상 원하는 만큼 계약할 수 있다. 따라서 1인 사업자나 스타트업, 소기업의 경우 사무실을 자체적으로 마련하고 운영할 때보다 비용이 적게 들고 관리가 편해서 인기가 높아지고 있다.

관리가 편한 시스템

1인 기업이나 스타트업은 사업 이외에 자잘한 일들에 신경쓸 여력이 없다. 공유 오피스는 주차문제, 청소문제, 각종 비품 관리, 기타 필요한 모든 일들을 관리자가 해주기 때문에 자기 일에만 집중할 수 있다.

입주 회사들 간의 네트워킹 기회

최근 대규모 공유 오피스는 자체적으로 입주 기업 간의 시너지를 창출하고 다양한 네트워킹 이벤트를 개최하며 커뮤니티를 운영하고 있다. 실제로 이를 통해 다양한 고객들 간의 연결과 협업 사례가 늘어나고 있다.

자유로운 분위기의 기업문화

최근 트렌드인 자유로운 근무환경을 제공하여 창의적인 기업문화를 만드는 데 도움이 된다. 다양한 형태의 사무공간을 제공하는 공유 오피스도 있는데 이런 경우 자리를 자유롭게 선택하여 일할 수 있고 카페처럼 음악이 흘러나오는 공간에서 작업할 수도 있으며 집중적으로 1인 공간에 들어가 일할 수도 있다.

공유 오피스의 현황은?

KT경제경영연구소에 따르면 2017년 국내 공유 오피스 시장은 600억원 규모였으나 2022년에는 7,700억원 수준으로 성장할 전망이다.

우리나라 공유 오피스 시장규모

출처: KT경제경영연구소(디지에코 보고서)

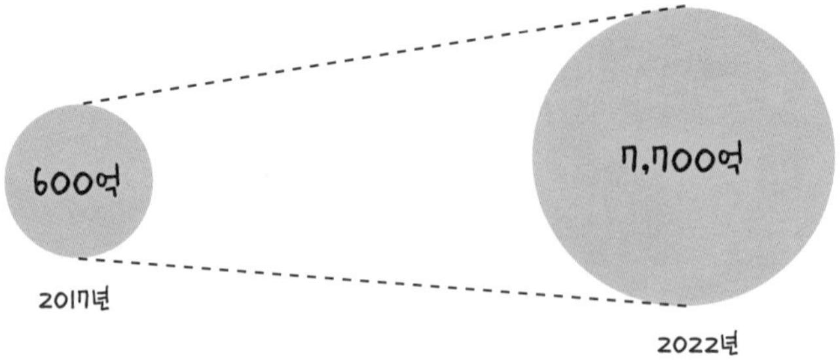

우리나라 공유 오피스 업체는 2018년 3사분기 기준으로 57개이며, 공유 오피스 숫자는 192개, 면적은 약 39만 3000m²였다. 1위는 위워크(미국 업체), 2위 패스트파이브(한국), 3위 르호봇 등이며 1,2위 업체인 위워크, 패스트파이브가 전체의 50% 이상을 차지한다.

2019년 4월 발간한 글로벌 임팩트 리포트에 따르면 위워크는 전 세계에서 40만 명이 이용 중이며, 한국에는 총 15개 지점이 있고 1만 6,000여 명이 이용하고 있다. 패스트파이브는 토종기업으로 강남과 종각 등에 16개 지점을 운영하고 있고 현재 1,000개의 기업, 11,000여 명이 이용하고 있다.

그런데 대규모 공유 오피스는 엄청난 자금이 필요하므로 개인이 하는 것은 무리가 있다. 따라서 이러한 공유 오피스 개념을 빌려와서 개인이 작은 돈으로 할 수 있는 꼬마 공유 오피스에 대해서 알아보자.

02

꼬마 공유 오피스로 월세 받기

규모가 큰 기업들이 운영하는 공유 오피스는 주로 강남, 종로 등 중심 업무지구에 위치하고 있고 투자규모도 굉장히 크다. 하지만 중심업무지구 이외의 지역에서도 소규모 공유 오피스를 이용하는 사람들이 많고, 이들을 대상으로 꼬마 공유 오피스 사업을 하는 사람들이 있다. 나도 조그마한 사무실을 가지고 꼬마 공유 오피스를 운영 중이다.

꼬마 공유 오피스는 어느 정도 규모일까?

개인이 하는 공유 오피스는 작게는 전용면적 60~200평 정도인데 각 지역별로 많이 분포해 있다. 주로 상가나 사무실 공간을 활용하며 지하철역 주변, 상업지역 등 사무실로 적합한 곳에 운영한다. 하나의 지점에 1인실, 2인실, 3인실, 회의실, 스튜디오 등으로 구성되며 전용면적 60평 기준으로 30~40개의 호실로 구분하여 운영할 수 있다. 이보다 작은 사무실로 공유 오피스를 운영하는 경우도 있다.

실제로 나는 전용면적 29평짜리 사무실의 반, 즉 약 15평 사무실로 꼬마 공유 오피스를 운영해 월세보다 높은 수익을 올리고 있다.

투자비용은 어느 정도인가?

보통 공유 오피스는 인테리어 비용으로 전용면적 기준 평당 150~200만원이 드는데, 전용면적이 60평이라면 9,000만원~1억 2,000만원 정도 들어간다. 투자비용이 많이 들기 때문에 주로 자가 건물에서 사업을 하며, 임대 시에는 5~10년으로 장기계약을 하게 된다. 인테리어 비용 외에 자가 또는 임대에 따른 보증금 및 건물 구입 비용이 추가로 필요하다. 하지만 이보다 작은 비용으로도 가능하다. 나는 꼬마 공유 오피스를 만드는 데 인테리어와 각종 물품비로 700~800만원이 들었다.

수익성은 얼마나 되나?

서울은 공유 오피스 이용료가 1인실 30~40만원, 2인실 40~60만원, 3인실 50~70만원 수준이며, 경기도는 1인실 17~30만원, 2인실 25~40만원, 3~4인실 40~50만원 수준이다. 경기도 기준으로 전용면적 60평을 1인실 20개, 2인실 10개, 3~4인실 5개로 구성했을 때의 월세 수입은 대략 900~1,200만원이며, 관리비 100~150만원, 이자 등을 빼면 실제 수입이 나온다.

그런데 전용면적 60평 사무실을 얻어 이 정도로 운영하려면 부담이 될 수 있다.

이제 이보다 작은 규모의 꼬

마 공유 오피스 운영에 대해 알아보자.

놀고 있는 상가·사무실로 꼬마 공유 오피스 운영하기

공유 오피스도 비교적 큰 규모로 하면 초기 투자비용이 많이 들고, 입주자가 예상한 만큼 없으면 매출도 별로 없는 상태에서 관리비 등 부담이 클 수 있다. 이렇게 되면 돈을 벌려고 시작한 공유 오피스 사업이 오히려 돈을 까먹게 되는 지경이 된다.

처음에는 아주 작은 규모로 시작하는 것도 나쁘지 않다. 아주 작게 하나를 운영하면서 노하우를 익히고 늘려가는 것이다. 우리가 셰어하우스를 시작해 7호점까지 늘렸듯이. 또한 투자 목적으로 산 상가나 사무실이 공실 상태라서 고민인 분이라면, 특별한 투자 없이 적은 비용으로 꼬마 공유 오피스를 운용할 수 있다.

주변 경쟁자로 공실이 된 사무실

경기도 용인시에 전용면적 29평의 사무실을 하나 가지고 있는데, 예전에는 그 건물 전체가 임대가 잘되었다. 그런데 근처에 대형 신축건물이 몇 채 생기면서 하나둘씩 공실이 생기게 되었고, 내 사무실도 원래 있던 세입자가 나가고 공실이 되었다.

처음에는 그냥 조금 기다리면 나가겠지 하며 공인중개사 사장님만 믿고 기다렸다. 그런데 한 달이 지나고 두 달이 지났는데도 세가 들어오지 않고 관리비에 이자만 나가게 되니 초조해졌다. 급기야 사무실이 있는 건물의 공인중개사 말고 다른 지역의 공인중개사에게도 세를 내

놓았다. 사무실을 보러오는 사람들이 간간이 있었지만, 한 달이 다 지나도록 계약이 되지 않았다.

건물에 있는 공인중개사 사장님에게 "어떻게 해야 사무실 월세를 빨리 놓을 수 있을까요?" 물어보니, 아무래도 반을 쪼개서 사무실 규모를 줄이고 월세도 싸게 해서 받는 것이 어떠냐고 했다.

기존 사무실은 전용면적 29평으로 보증금 1,500만원에 월세 150만원 수준이었는데, 반으로 쪼개면 각각 보증금 1,000만원에 월세 80~90만원씩 받을 수 있다고 했다. 즉 보증금 2,000만원에 월세 160~180만원을 받을 수 있다는 것이다.

공실 사무실을 반으로 쪼개다

기존 사무실을 반으로 쪼개기 위해서는 투자비가 들어간다. 그 건물에서 인테리어를 많이 했던 업체에서 견적을 받아보니 무려 1,300만원이었다. 너무 부담이 되는 금액이었다.

좀 싸게 할 수 있는 방법이 없을까? 고민 끝에 다른 지역의 사무실 인테리어를 부탁했던 업체에 제안을 했다.

"사장님, 돈을 최소한으로 들여서 사무실을 두 개로 쪼개고 싶습니다. 제가 보기에는 기존 공간에 있던 룸(Room)을 해체해서 그대로 사용하고, 부족한 부분만 추가하면 저렴하게 할 수 있을 것 같은데요. 이것이 가능할까요? 잘 검토 좀 해주세요."

기존에 경기도 성남, 수원 고색동에서 낙찰받은 지식산업센터의 공사를 해 주었던 분이라 부탁하니, 일단 용인 사무실에 직접 와서 여러 가지를 살펴보고 견적서를 보내왔다.

견적서를 보니 대략 443만원이 나왔는데 이 정도면 해 볼 만하다는 생각이 들어서 바로 공사를 진행했다. 추가로 소방시설 위치 변경 및 신설(스프링클러 및 감지기)을 해서 최종적으로는 577만원이 들어갔다. 그래도 맨처음 받았던 견적 금액인 1,300만원에 비하면 엄청 싸게 한 것이다. 그렇게 하나의 사무실을 2개로 분리하고 한 달 후, 같은 층의 다른 회사에서 왼쪽 반을 교육장으로 사용하고 싶다는 연락을 받고 바로 계약했다. 보증금 1,000만원에 월세 100만원(관리비 포함), 관리비는 주인인 내가 내는 조건이었다.

사무실의 다른 한쪽도 금방 채울 수 있을 것이라고 생각했는데, 세상일이 내 맘처럼 되지 않았다. 두 달이 지난 후 같은 건물 다른 층의 회사에서 사용하고 싶다는 연락을 받고 이제 다 채우는구나 하고 계약서를 쓰는 날만 기다렸다. 그런데 한 주가 지나고, 다시 한 주가 지났는데 주주들에게 결재를 받아야 하는데 계속 지연되고 있다는 연락이 왔다. 결국 3주가 지났는데도 계약을 할 수가 없었다. 이대로 사무실 반쪽을 공실로 두면 오히려 적자가 나는 상황이었다.

나머지 사무실 하나로 꼬마 공유 오피스를 시작하다

고민 끝에 투자비를 거의 들이지 않고 할 수 있는 꼬마 공유 오피스로 만들기로 했다. 가장 간단한 방법은 사무실 공간에 책상 및 파티션만 이용해서 만드는 방법이다. 나는 실제로 한쪽을 꼬마 공유 오피스로 꾸몄고 시설에 쓴 비용은 200만원이다.

사무실을 반으로 쪼갤 때의 공사견적서 세부내역

구분	명칭	규격	단위	수량	재료비 단가	재료비	노무비 단가	노무비	합계
가설 공사	대소운반 및 현장 정리		인	2.0		–	150,000	300,000	300,000
	철거 및 폐자재 반출 처리		차	0.5	480,000	240,000		–	240,000
	소계					240,000		300,000	540,000
칸막이 공사 (기존 칸막이와 동일 모델 아님)	SGP 칸막이		M^2	21.0	42,000	882,000		–	882,000
	철거 및 재시공	경량공	인	3.0		–	200,000	600,000	600,000
	소계					882,000		600,000	1,482,000
도어 신설 공사	방화문–외부 복도 출입문	900×2100 / 도장제품	조	1.0	340,000	340,000			340,000
	스윙도어–발코니 출입문	주문제작	조	1.0	350,000	350,000		–	350,000
	부자재		식	1.0	50,000	50,000		–	50,000
	기존 벽 및 유리 철거 및 도어 설치		인	3.0		–	250,000	750,000	750,000
	소계					740,000		750,000	1,490,000
전기 공사	등기구 회로 분리		식	1.0	100,000	100,000	210,000	210,000	310,000
	소계					100,000		210,000	310,000
	공과잡비 (소계의 8%)								305,760
	일반관리비 및 기업이윤(소계의 8%)								302,240
합계									4,430,000

공사 후 왼쪽 사무실

공사 후 오른쪽 사무실

책상 등 사무용품은 규모가 비교적 큰 중고 사무용품 매장에서 구입했는데 중고매장에서도 신품을 살 수 있다. 이동서랍을 제외한 책상, 파티션도 신품으로 구매했고, 사무용 의자는 인터넷 오픈마켓을 통해 개당 3만원 내외로 구매했다. 이외에 무한잉크 프린터, 인터넷 및 와이파이 등을 준비하면 기본 세팅은 끝난다.

책상 배치도

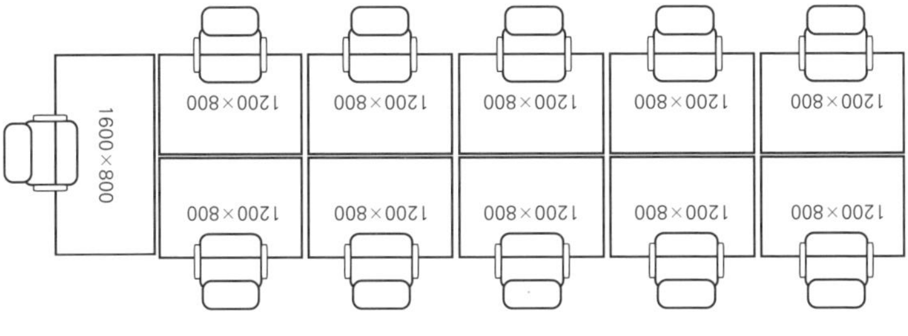

꼬마 공유 오피스 세팅 시 물품 구매 견적서

품 목 (Product)	규 격 (Description)	수량 (Qty)	단 가 (Unit Price)	금 액 (Price Sum)	비고 (Remark)
탑책상	W1200*D800, 파스텔	10	48,000	480,000	신품
탑책상	W1600*D800, 파스텔	1	75,000	75,000	신품
이동서랍	에스쳐, 그레이, 키추가	11	20,000	220,000	중고
파티션	H1200*W800	14	30,000	420,000	신품
	H1200*W1200	5	32,000	160,000	신품
포스트	H1200	8	8,000	64,000	신품
마감바	H1200	12	2,000	24,000	신품
배송비	배송 및 설치	1	30,000	30,000	
D/C		-1	43,000	- 43,000	
	* 선입금 조건입니다				
	중고제품의 특성상 재고가 조기 소진될 수 있습니다.				
계				1,430,000	

작은 비용으로 꼬마 공유 오피스를 운영해서 월세보다 높은 수익을 얻을 수도 있다.

꼬마 공유 오피스 수익률

꼬마 공유 오피스를 시작하기 전에 원하는 수익률 및 수익금, 사용료 등을 정해야 한다. 꼬마 공유 오피스를 꾸미고 임차인을 모집했는데, 막상 사무실을 통째로 그냥 임대하는 것보다 수익률이 떨어진다면 의미가 없기 때문이다.

꼬마 공유 오피스의 사용료를 결정하기 위해서는 주위 소호 사무실의 월세나 사용료 등을 확인한 후 위치, 주차 여부, 편의시설 등을 비교하여 경쟁력 있는 가격으로 정해야 임차인을 빨리 구할 수 있다. 주변 소호 사무실의 사용료를 조사해 보니 1인실(독립공간) 기준 20~30만원, 책상 1개 기준 15~20만원, 비상주 7~15만원 수준이었다. 그래서 조금 더 경쟁력 있는 가격으로 정하고 수익률을 따져보았다.

공유 오피스는 입주자를 상주와 비상주로 구분한다. 상주는 1좌석을 배정하여 원하는 시간에 자유롭게 사용할 수 있는 형태로 월 12만

꼬마 공유 오피스의 월 수익금액 기준: 전용면적 약 15평, 공실 감안 80%로 계산

항목	금액	비고
상주 세입자	1,200,000	12만원×10
비상주 세입자	1,000,000	5만원×20
수입 합계	2,200,000	
공실 반영	1,540,000	80% 기준
인터넷 비용	50,000	
관리비	300,000	전기세 포함
비용 합계	350,000	
월 수익	1,190,000	

원으로 책정했다. 전체 좌석이 10개이므로 공실을 감안하여 8석이 채워지는 기준으로 수익금을 산정했다. 비상주란 사업자 등록을 위한 주소지를 제공해 주거나 일주일에 한 번 정도 사용을 원하는 입주자에게 정해진 좌석 외에 빈 공간을 사용할 수 있게 하는 것으로 월 5만원을 기준으로 삼고, 최대 20명을 기준으로 80%인 16명 정도로 수익금을 산정했다. 이런 기준으로 한달에 비용(관리비+인터넷 비용)을 빼고 수익은 119만원이 나왔다. 일반 사무실로 통으로 임대했을 경우의 수익금액 80만원과 비교했을 때 39만원 정도가 추가로 생겼다.

임대용 사무실의 경우 그냥 임대하는 게 편하긴 하지만, 만약 공실이 오랫동안 계속된다면 이처럼 꼬마 공유 오피스로 수익을 올리는 방법을 생각해볼 수 있다. 또한 홍대 인근 등 1인 사업자나 프리랜서들이 밀집한 곳에서는 작은 사무실 공간을 여러 개 마련하여 꼬마 공유 오피스로 꾸며 관리하며 월급보다 높은 수익을 올리는 사람들도 있다.

스페이스클라우드(SpaceCloud)란 일종의 공간 대여 사업이다. 세미나, 워크숍, 행사, 스터디, 강의, 파티를 위해 공간을 빌려주는 것이다. 사용 목적과 크기에 따라 다르지만 대략 시간당 1만원에서 10만원 정도를 받는다.

셰어하우스와 스페이스클라우드 비교

셰어하우스는 수익률이 좋고 거주기간이 길어 입주자가 한번 들어오면 신경쓸 일이 크게 없지만, 홍보를 직접하고 입주 희망자에게 집을 보여주고 월세 관리부터 수입/지출까지 직접 챙겨야 하는 번거로움이 따른다.

하지만 스페이스클라우드는 홍보, 예약 관리, 수입, 지출 등을 한꺼번에 인터넷 시스템에서 해결해 준다. 숙식을 하는 것이 아니라 시간 단위로 공간을 대여하기 때문에 관리해야 되는 부분도 별로 없다. 아울러 세미나, 스터디, 파티 등 내가 원하는 방식으로 공간을 꾸미고 운영할 수 있다.

평소에 조용히 공부하거나 일하는 것을 좋아하는 사람이라면 스터디룸이나 강의실로 꾸며 빌려주고, 예약이 없는 시간에는 본인이 사용하는 일석이조의 효과를 노릴 수도 있다. 반면 친구들이랑 자주 모여서 이야기하고 파티하는 것을 좋아한다면 파티룸으로 꾸며서 대여할 수도 있다.

스페이스클라우드를 위해 따로 공간을 임대하여 사업을 시작할 수도 있지만, 기존 사무실이 임대가 잘 안 되거나, 또는 임대한 사무실에서 사업이 잘 안 되어 아까운 월세만 내고 있는 경우에 생각해볼 수 있는 사업 아이템이다.

1. 스페이스클라우드(www.spacecloud.kr)에 접속하여 회원가입을 한다.

2. 모임공간 유형 선택하기

내가 가지고 있는 공간을 어떤 유형으로 대여할 것인지를 선택한다. 회의실, 세미나실, 다목적홀, 작업실, 레저시설, 파티룸, 공연장, 연습실, 카페, 스터디룸, 엠티장소 등 다양한 모임공간 유형이 있다.

사무실이 잘 안 나가서 모임공간으로 빌려주려면 회의실이나 세미나실, 작업실, 스터디룸 등의 유형을 생각해 볼 수 있고, 홍대나 신촌 인근 등에 빌라를 가지고 있으며 좀더 높은 수익률을 올리려고 한다면 파티룸 등을 생각해 볼 수 있으며, 내가 가진 꼬마빌딩의 지하를 임대하고 싶다면 연습실 유형을 선택할 수도 있을 것이다.

3. 공간 소개하기

게스트에게 빌려줄 내 공간을 소개하는 단계이다. 가능한 자세하게 설명하는 것이 좋다. 공간을 언제 이용하면 좋을지, 누구와 함께 이용하면 좋을지, 무엇을 하면 좋을지, 내 공간이 왜 좋은지, 어떻게 이용하면 되는지, 6하 원칙에 따라 친절하고 자세하게 작성하면 된다.

(공간 소개 작성 예시)

안녕하세요, 편안한 토크 콘서트를 할 수 있는 공간 '더룸'입니다.~

딱딱하지 않은 편안한 분위기의 강의를 원하는 분들에게

'아늑한 토크 콘서트' 공간을 내어드립니다.

소규모 강의, 북콘서트 등

좋아하는 분들과 시간을 보내 보세요.

빔프로젝트와 마이크, 간단한 다과를 제공하는 공간도 있어요~

4. 사진 올리기

스페이스클라우드도 에어비앤비처럼 소개와 사진을 올리면 게스트들이 보고 선택하므로, 예쁘고 잘 찍은 사진들을 다양하게 올리는 것이 중요하다. 사진은 파일로 쉽게 올릴 수 있는데 권장 사이즈 및 규격을 맞춰 올려야 잘 노출된다.

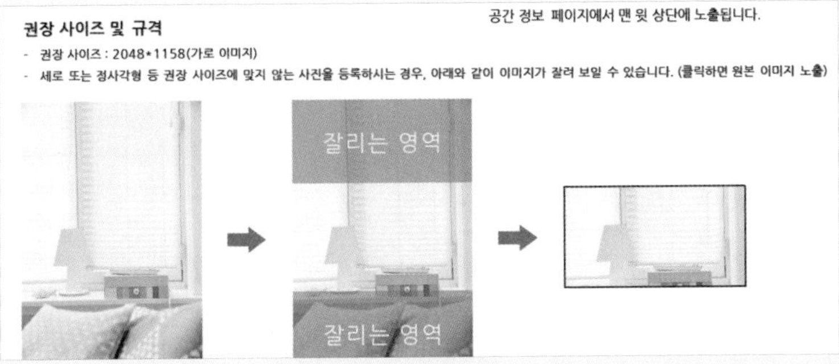

5. 가격 및 운영시간 설정하기

스페이스클라우드의 가격은 호스트가 임의로 정할 수 있다. 검색을 통해 인근 지역에서 같은 유형의 가격을 알아본 다음 가격을 입력하면 된다. 이용시간은 공간 대관 운영시간을 0~24시간 사이에서 입력하면 된다. 정기 휴무일을 설정할 수 있으며 지정 휴무일도 추가할 수 있다.

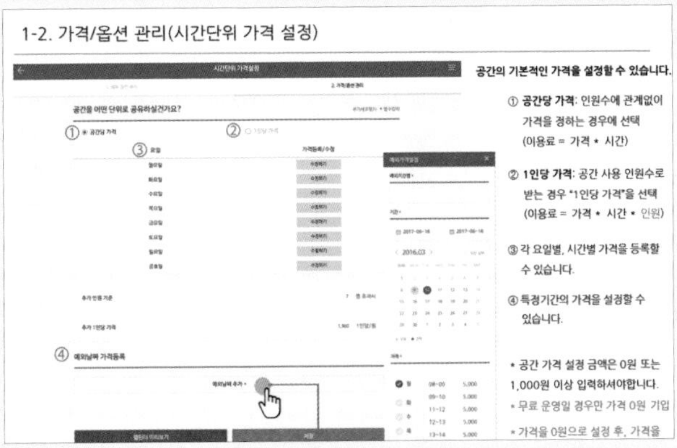

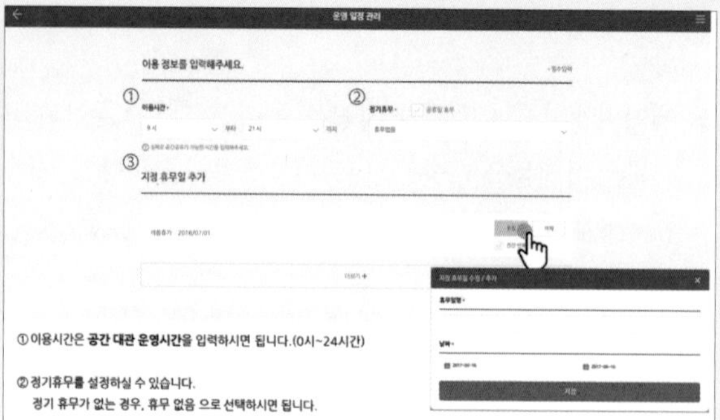

①이용시간은 **공간 대관 운영시간**을 입력하시면 됩니다.(0시~24시간)

②정기휴무를 설정하실 수 있습니다.
정기 휴무가 없는 경우, 휴무 없음 으로 선택하시면 됩니다.

③지정 휴무일을 추가할 수 있습니다.
휴무일명과 날짜를 지정하면 해당 일은 게스트의 예약을 받지 않게 세팅됩니다.

6. 수입, 지출 자동으로 처리하기

번거로운 수입 지출도 알아서 설정해 놓으면 자동으로 처리된다.

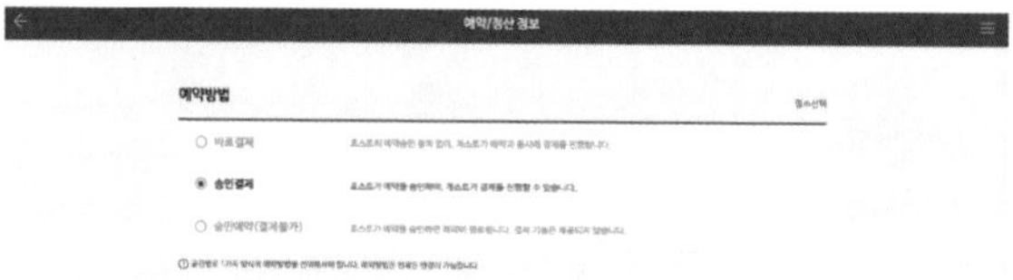

예약방법은 크게 3가지입니다.

1. **바로결제** : 게스트가 예약을 하는 즉시 결제가 되고 예약 확정 됩니다.
2. 승인결제(권장) : 게스트가 예약을 신청하고 호스트가 그 내용에 승인 후 결제가 진행, 예약 확정됩니다.
3. **승인예약 (결제불가)** : 게스트가 예약을 신청하고 호스트가 그 내용에 승인을 할 수 있습니다. 결제는 호스트 직접 관리해야 합니다.

	공간등록	예약관리	결제
사업자	O	O	O
비사업자	O	O	X

- 사업자 등록 여부에 따라 이용가능한 서비스에 차이가 있습니다.
- 비사업자는 공간등록이 가능하나 결제서비스를 이용하실 수 없습니다. (비사업자는 승인예약 유형만 사용이 가능합니다. 23P 참고)

휴무일명과 날짜를 지정하면 해당 일은 게스트의 예약을 받지 않게 세팅됩니다.

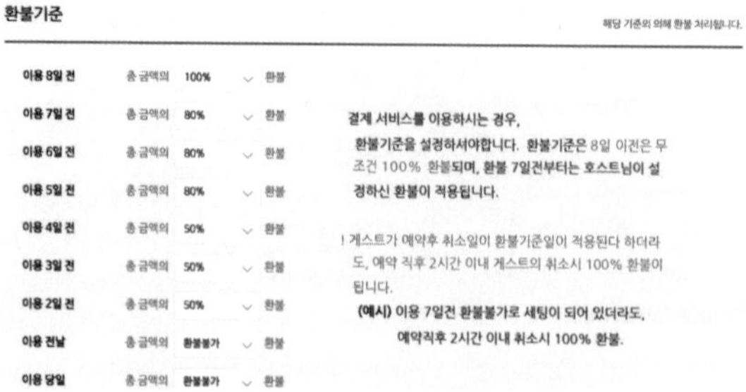

결제 서비스를 이용하시는 경우,
환불기준을 설정하셔야합니다. 환불기준은 8일 이전은 무조건 100% 환불되며, 환불 7일전부터는 호스트님이 설정하신 환불이 적용됩니다.

! 게스트가 예약후 취소일이 환불기준일이 적용된다 하더라도, 예약 직후 2시간 이내 게스트의 취소시 100% 환불이 됩니다.
(예시) 이용 7일전 환불불가로 세팅이 되어 있더라도,
예약직후 2시간 이내 취소시 100% 환불.

스페이스클라우드는 젊은층에서 많이 이용하고 있는 하나의 공간 트렌드이다. 1인가구가 점점 늘어나고 있으며 비혼을 선택하는 사람도 증가하고 있다. 이제는 가족 대신 친구, 마음 맞는 사람들끼리, 같은 관심사를 갖고 있는 사람들끼리의 시간이 늘어나고 있다. 따라서 그에 맞는 공간을 더 많이 필요로 하고 있다.

예전에는 처음 보는 사람들과도 호탕하게 술집이나 카페에서 같이 어울리고 친해지기도 했지만, 이제는 이런 만남에는 시간과 에너지를 쓰려고 하지 않는다. 자기와 같은 관심사나 공통사가 있거나, 그 사람들을 통해 배우거나, 뭔가 필요에 의해 만나는 경우가 많다. 그러다 보니 만나는 공간은 점점 작아지고 구분되어 자기들만의 조용한 장소를 중요시한다. 스페이스클라우드는 이런 젊은층의 공간에 대한 욕구를 충족시켜 주고 있다.

사회는 변화하고 있다. 생각도 변하고 트렌드도 변하고 삶의 방식도 변하고 있다. 그에 따라 그들의 욕구를 충족시켜 줄 수 있는, 그들이 원하고 필요로 하는 것들을 채워 주는 사업이 관심을 받고 있는 것이다.

이제는 직장이 없어도 직업이 없어도 자신만의 특별한 무기가 있다면 얼마든지 생활할 수 있는 세상이 왔다. 이 책에서 자신만의 무기를 찾고 가져보았으면 한다.

에필로그

월세 받기 세상 편한 4가지 방법, 당신의 선택은?

—남들과 다른 비밀무기는 항상 있어야 한다.

"비관론자는 모든 기회에서 어려움을 찾아내고, 낙관론자는 모든 어려움에서 기회를 찾아낸다."

현재까지 줄줄이 나오는 강력한 부동산 대책으로 이제 집을 많이 보유하면 세금이나 여러 규제에서 안선할 수 없게 되었다. 하지만 이럴 때 꼭 집을 사지 않더라도 월세 수익이 들어오는 시스템을 다양한 방법으로 만들어 놓아야 한다. 특히 셰어하우스 사업을 배워 놓는다면 하나의 집에서 하나의 월세를 받는 게 아니라, 하나의 집에서 예닐곱 개의 월세로 수익을 극대화할 수 있다.

셰어하우스는 "아예 안 하는 사람은 있어도, 한 개만 하는 사람은 없다"는 말이 있다. 두 개, 세 개 계속 늘려가게 되는 도깨비 방망이 같은 사업이다. 나중에는 부업으로 시작한 셰어하우스 덕분에 회사를 그만두고 본업으로 하는 사람들이 많다. 그만큼 월급보다도 더 큰 수익이 따라온다는 얘기다.

돈이 없어도 노력만으로 월세를 2~3배 이상 높게 받을 수 있다는 게 무엇보다 매력적인 사업이라고 생각한다. 이 책에는 셰어하우스 외에도 큰돈 없이 월세 수익이 들어오는 시스템을 만드는 방법들을 설명했다. 아이 키우는 전업주부도 직장인도 사회초년생도 퇴직자도 누구나 할 수 있다. 월세 받기 쉽다. 지금부터 시작하라.